# 英文法なんて怖くない

## ―*Who's Afraid of English Grammar?*―

山内信幸

北林利治

橋尾晋平

英宝社

# はしがき

　本書は、英文法に苦手意識を持っている皆さんを念頭に置いて、執筆・編集されたものです。タイトルの『英文法なんて怖くない（*Who's Afraid of English Grammar?*)』には、苦手意識の解消だけでなく、もう一度、英文法の最重要項目の整理と英文法の背後にある原理への気づきを目指してほしいという意味を込めました。

　本来、英語学習において英文法という領域が単独で存在するものではなく、すべての領域を支える基本学力的な性格を持つものです。例えば、readingにおいては、単語の意味さえわかれば文意がとれるものでもなく、主要語となっている名詞や動詞、さらには、形容詞や副詞などがどのような働きで用いられているかを理解できないと、正確な読みは確保できません。また、writingにおいても、文の核となる動詞がどのような要素と結びつくかの知識がないと正確な文は産出できません。さらに、listeningにおいても、聞き取れた単語だけをうまくつなげても正確に意味をとることはできないでしょう。聞き取った英文の構造をしっかりと理解して、メッセージを正確に読み取るには英文法の知識が不可欠です。最後に、speakingにおいても、単語だけを並べれば意思疎通は可能なようにも思われますが、国際人としての活躍が期待される場面では、ある程度複雑な文構造と論理構造を持たない不正確な英文発話では、相手からの信頼も獲得できない懼れもあります。

　著者たちは、長年の英語教授経験を通して、日本人学習者が苦手と感じている学習事項に習熟していて、その克服のために、英文法教育においても多くの効果的な教授法を実践してきました。本書は、著者たちの知識とアイディアがいたるところに詰め込まれた英文法テキストの決定版と自負しています。

　本書の構成と特色は、以下のとおりです。

① 　それぞれのUNITでは、英文法の最重要項目を精選し、かつ、4技能のバランスの取れた英語運用能力の養成のために必要な文法項目を提示し、多くの練習問題を用意しています。
- Review Practiceでは、前のUNITの簡単な復習を行います。
- Introductionでは、それぞれのUNITでの必須事項について、例文とともに解説を与えています。
- Checkでは、取り上げる文法項目を図表で示して、文法知識の定着を目指します。
- Grammar Pointsでは、learner-friendlyを心がけ、学習者の皆さんとのQ&A形式で、課題の提示とその解決方法をわかりやすい「語りかけ」で解説しています。
- Exercisesでは、それぞれのUNITの文法項目の定着を図る多種多様な問題が易から難へ配置され、「問題でもって、文法項目のポイントを語らせる」ことを企図しています。また、英文法知識の応用として、和訳と英訳の問題も用意しています。

② 　上記の構成は、英文法単独の授業にも必要十分な内容を含んでいますが、他の科目との併用テ

キストとして、さらには、自学自習用のサブ教材としての使用にも耐えるように配慮されています。

　今一度、「英文法なんて怖くない」という著者たちの思いが本書を使用する皆さんに届くことを期待し、英文法が、皆さんのこれからの英語学習において、身近で、馴染みやすいものとなることを願ってやみません。

2023年夏、酷暑の京都にて

山内信幸
北林利治
橋尾晋平

# 目次

# UNIT 1 品詞

## *Review Practice*

このUNITでは、品詞について学びます。まず、辞書の情報を常に参照する癖をつけるために、実際に手元の辞書を開いて、以下の英文の下線部の語がどのような品詞として用いられているかを [　　] 内に記入し、日本語に訳しなさい。なお、動詞の場合は、自動詞・他動詞の別も記しなさい。

(1) Your viewpoint is morally **sound**.　[　　　　]

_____

(2) Not a **sound** escaped him.　[　　　　]

_____

(3) He is looking at you, trying to **sound** you out.　[　　　　]

_____

(4) She fell **sound** asleep in the hotel after a long flight to Japan.　[　　　　]

_____

(5) His story **sounds** incredible.　[　　　　]

_____


## *Introduction*

このUNITでは、「品詞」という観点から、英語の文を見てみることにしましょう。多くの文法書では、最初に、「品詞」という項目から書き起こすことはしていません。おそらく自明のこととして最初にわざわざ挙げることはせず、それぞれの文法事項の説明が進むにつれて、それぞれの品詞の用法の説明が加えられています。

本書では、動詞を中心に文がどのような型を取るのか（動詞と文型の関係性）について、UNIT 2とUNIT 3で詳しく見ていく予定ですが、その際には、それぞれの語が文の中でどのような働きをしているかは重要で、例えば、主語となるものにはどのような語（句）がなり得るのかをきちんと把握しておく必要があります。

伝統的な英文法では、一般的に、8品詞（名詞、代名詞、動詞、形容詞、副詞、前置詞、接続詞、間投詞）が認められていて、さらに、動詞の働きの下位区分としての助動詞と形容詞の働きの下位区分としての冠詞を加えて、10品詞とする立場もあります。本書では、普段からよく目にする助動詞と冠詞も含めて、10個の品詞に分類することにします。英文を理解するのに、それぞれの語の種類とその機能（働き）に着目することはとても大切です。

Mother often goes to a nearby supermarket by bicycle, but I always go there on foot.

上で示した例文のそれぞれの語がどの品詞に属するものかを確認してみましょう。

名詞：Mother, supermarket, bicycle, foot
代名詞：I
動詞：goes, go
助動詞：φ
形容詞：nearby
冠詞：a
副詞：often, always, there
前置詞：to, by, on
接続詞：but
間投詞：φ
（φは、上記の文には含まれていない品詞であることを表しています。）

## *Check*

それぞれの品詞の種類と意味・働きを次の表で確認しましょう。

| 品詞 | 種類 | 意味と機能（働き） |
|---|---|---|
| 名詞 | ● 普通名詞（数えることのできるいろいろな事物を表す名詞）<br>● 集合名詞（単数・複数扱いで、集合体を総括的に表す名詞）<br>● 物質名詞（数えることのできない物質を表す名詞）<br>● 抽象名詞（数えることのできない、目に見えない概念的なものを表す名詞）<br>● 固有名詞（数えることのできない固有のものを表す名詞）<br>＊ 数えることのできる名詞を可算名詞、数えることのできない名詞を不可算名詞と呼びます。 | ● 人や物などの名を表す。<br>● 主語、目的語、補語になることができる。 |
| 代名詞 | ● 人称代名詞（人称を表すもの：I, my, me, mine など）<br>● 指示代名詞（何かを指し示すもの：this, thatなど）<br>● 不定代名詞（不特定の人や物あるいは数量を表すもの：one, all, every, both, some, any, noneなど）<br>● 疑問代名詞（疑問を表すもの：who, what, which）<br>● 関係代名詞（接続詞と代名詞の働きを兼ねるもの：who, whose, whom, which, that, what）<br>＊ 詳しくは、UNIT 10の関係詞の関係代名詞を参照のこと。 | ● 名詞の指し示す内容の代わりの語として用いられる。<br>● 名詞と同様に、主語、目的語、補語になることができる。 |

| | | |
|---|---|---|
| 動詞 | ● 規則動詞（原形に-edの活用語尾をつけて、過去形、過去分詞形をつくる。）<br>● 不規則動詞（原形、過去形、過去分詞形にそれぞれの活用をもつ。） | ● 目的語を取らない動詞は、自動詞と呼ばれ、さらに、補語を伴うかどうかで、完全自動詞と不完全自動詞に下位分類できる。<br>● 目的語を取る動詞は、他動詞と呼ばれ、目的語の数が1つか2つかで、完全他動詞、授与動詞に分けられる。さらに、補語を伴う場合は、不完全他動詞と呼ばれる。 |
| 助動詞 | ● 動詞の下位区分ではあるが、単独で用いられることはなく、いつも動詞と結びついて用いられ、その動詞にさまざまな意味をつけ加えることができる。助動詞の後は、動詞の原形が用いられる。 | ● be+現在分詞の形で進行形をつくったり、be+過去分詞で受動態をつくったり、また、have+過去分詞で完了形をつくったり、doで疑問や否定、強調を表したりすることができる。<br>● can, may, must, shouldなどは、本動詞に能力、義務、推量などの意味をつけ加えることができるものもあり、法助動詞と呼ばれる。これらは、①文の主語がもつ、または、文の主語に与えられる意思、能力、義務などの意味を添える根源的用法と、②文の内容について話し手の知識や判断を示す陳述緩和的用法に下位分類される。<br>＊ 詳しくは、UNIT 12の助動詞・仮定法参照。 |
| 形容詞 | ● 性状形容詞（事物の性質や状態などを表すもの：white, cold, kindなど）<br>● 数量形容詞（数や量を表すもの：many, much; few, littleなど）<br>● 代名形容詞（代名詞が形容詞として用いられるもの：my, this, whichなど）<br>＊ 冠詞もこの中に含まれるが、ここでは、別立てで扱う。 | ● 名詞や代名詞の性質や特徴を表す。<br>● 名詞に直接つけて、その名詞を修飾する限定用法と動詞の補語として働く叙述用法がある。 |
| 冠詞 | ● 不定冠詞（単数の可算名詞について、「1つの」を表す：a, an）<br>● 定冠詞（単数・複数いずれの名詞にも用いられ、特定のものを表す：the） | ● 名詞の前に置かれ、その名詞とのつながりで、さまざまな意味を表す。 |
| 副詞 | ● 「時」の副詞（now, soon, whenなど）<br>● 「場所」の副詞（here, below, whereなど）<br>● 「様態」の副詞（well, mildly, howなど）<br>● 「頻度」の副詞（often, sometimes, neverなど）<br>● 「程度」の副詞（very, enough, too, hardlyなど）<br>● 「否定・肯定」の副詞（yes, not, seldomなど）<br>● 「順序」の副詞（first, next, lastなど）<br>● 「原因・理由」の副詞（therefore, hence, consequentlyなど）<br>● 「文修飾」の副詞（主に文頭に用いられるもの：happily, certainly, naturallyなど） | ● 主に、動詞、形容詞または他の副詞を修飾するが、名詞を修飾することもできる。<br>● 語だけでなく、句や節あるいは文全体を修飾することもできる。 |
| 前置詞 | ● 単純前置詞（at, by, forなど）<br>● 複合前置詞（into, throughout, withinなど）<br>● 分詞前置詞（concerning, regarding, notwithstandingなど） | ● 名詞や代名詞の前に置いて、場所、時間、理由、目的、譲歩、方向などを表す。 |
| 接続詞 | ● 等位接続詞（対等の関係にある語・句・節を結びつける働きをもつ：and, but, orなど）<br>● 従位接続詞（一方が他方に従属する2つの節を結びつける働きをもつ：when, if, asなど） | ● 語、句、節を結びつける。<br>● 等位接続詞は、語と語、句と句、節と節を結びつけ、従位接続詞は、節と節のみを結びつける。 |
| 間投詞 | ● 喜び（Hurrah!, Bravo!など）<br>● 悲しみ（Ah!, Alas!など）<br>● 驚き（Oh, Oなど）<br>● 軽蔑・嫌悪（Bah!, Pooh!など）<br>● 呼びかけ（Hello!, Hi!など） | ● 文の他の要素と文法的な関係は持たないで、それだけで独立して用いられる、喜びや悲しみ、驚きなど表す。 |

# *Grammar Points*

**Q1** 個々の語の品詞は何となくわかるのですが、どのような点から確認すればいいのでしょうか？

**A1** まず、手元に英和辞典を用意して、単語ごとに品詞を確認する癖をつけましょう。次に、文の中の動詞を探しましょう。活用（語形変化）が確認できれば、それが動詞です。さらに、動詞を中心に見て、それぞれの語がどの位置に生起しているかに注目しましょう。主語、目的語、補語の位置にあるものは名詞と見なすことができます。また、動詞がどのような要素を従えているかにも気をつけましょう。もし何かを導いているのであれば、名詞か形容詞となります。また、文の主要な構成要素である主語の部分と動詞の部分以外の要素は副詞と見なすことができます。さらに、名詞の前後についている語句があれば、それは形容詞や冠詞と見なすことができます。

We **use** much water for many purposes.
　私たちは多くの目的のためにたくさんの水を使います。[We＝代名詞、use＝動詞、much＝形容詞、water＝名詞、for＝前置詞、many＝形容詞、purposes＝名詞]

This news **was** a great surprise to me.
　このニュースは私には大きな驚きでした。[This＝代名形容詞、news＝名詞、was＝動詞、a＝冠詞、great＝形容詞、surprise＝名詞、to＝前置詞、me＝代名詞]

Those present here in the room **were** all girls of fifteen and under.
　ここの部屋に居合わせた人たちは皆15歳以下の少女たちでした。[Those＝代名詞、present＝形容詞、here＝副詞、in＝前置詞、the＝冠詞、room＝名詞、were＝動詞、all＝形容詞、girls＝名詞、of＝前置詞、fifteen＝名詞、and＝接続詞、under＝副詞]

**Q2** 1つの語が複数の品詞をもっている場合に、どのように見分けたらいいのでしょうか。

**A2** ここでも、辞書で確認するのが基本となりますが、A1で説明したように、それぞれの品詞が生じている位置（主語、目的語、補語の位置に生じているのか）やそれぞれ品詞の働き（機能）に留意して、最終的な意味を決定していくことになります。

Your idea sounds very good.
　君のアイディアはとてもよく聞こえるよ。

soundには、「音」という名詞、「〜のように聞こえる」という動詞、「健全な」という形容詞と、「十分に」という副詞の意味があります。ここでは、soundにいわゆる「3単現のs（3人称単数現在形のs）」がついているので、動詞と見なすことができます。また、この動詞は、不完全自動詞として、後に形容詞を伴います。[Your＝代名形容詞、idea＝名詞、**sounds＝動詞**、very＝副詞、**good＝形容詞**]

A sound sleep will do you much good.

　健全な睡眠はあなたに多くの効用をもたらしてくれます。

doは、「Aをする」という意味で目的語（名詞）を1つ、また、「AにBを与える」という意味で目的語を2つとります。ここでは、doは、youとgood（muchが前についているので、名詞と見なすことができます。）という2つの名詞をとっていると見なすことができます。[A＝冠詞、**sound＝形容詞**、sleep＝名詞、will＝助動詞、**do＝動詞（授与動詞）**、**you＝代名詞**、much＝形容詞、**good＝名詞**。なお、この例文中のsoundは、sleepという名詞の前についているので、形容詞（「健全な」）になります。]

**Q3**　同じ語が異なった品詞で用いられるものとして、具体的にどのようなものがあるでしょうか。
**A3**　単語の中には、上で述べたように、2つ以上の品詞に用いられているものが多くあります。いくつか挙げておきますので、確認してください。

She looks **well**. [形容詞]
　彼女は元気そうです。
She sings J-pop songs **well**. [副詞]
　彼女はJ-popの歌を上手に歌います。

I know **little** about the news. [代名詞]
　私はそのニュースのことはほとんど知りません。
There was **little** hope for peace talks. [形容詞]
　和平交渉への望みはほとんどありませんでした。
She can speak French a **little**. [副詞]
　彼女は少しフランス語が話せます。

He is the **last** person to tell a lie. [形容詞]
　彼は嘘をつくような人ではありません。
Kenji arrived at the goal **last**. [副詞]
　ケンジはゴールに最後に着きました。
I consider every day my **last**. [名詞]
　私は毎日が最後の日と思って生きています。
How long will this storm **last**? [動詞]
　この嵐はどれくらい続くのでしょうか。

**Q4**　異なった形容詞を複数並べる場合に、何か決まりのようなものはありますか。
**A4**　一般的に、「冠詞・代名形容詞」＋「数量形容詞」＋「以下を除く性状形容詞」＋「大小・形状・高低を表す形容詞」＋「新旧・老若を表す形容詞」＋「色を表す形容詞」＋「国籍を表す形容詞」＋「材料を表す形容詞」＋「名詞形容詞」の順に並びます。

a few <u>pretty</u> <u>little</u> <u>new</u> <u>pink</u> <u>plastic</u> dolls.

　可愛い小さな新品のピンクの色合いをしたプラスチック製の2, 3の人形

<u>my father's</u> two old brown hats

　私の父の古い茶色の2つの帽子（所有格の表現は形容詞に先行します。）

<u>both</u> my father's old brown hats

　私の父の古い茶色の両方の帽子（bothやallはすべての修飾語に先行します。）

**Q5**　異なった副詞を複数並べる場合に、何か決まりのようなものはありますか。

**A5**　一般的に、異なる種類の副詞が並ぶ場合は、以下のような傾向があります。

**（a）異なる種類の副詞が並ぶ場合：**

**（1）「場所」と「時」を表す場合は、「場所」＋「時」の順になります。**

I'll go <u>there</u> <u>tomorrow</u>.

　私は明日そこに着きます。

**（2）「様態」の副詞が加わると「場所」＋「様態」＋「時」の順に、あるいは、「様態」の副詞が短い場合は、「様態」＋「場所」＋「時間」の順になります。**

They arrived <u>here</u> <u>safely</u> <u>last night</u>.

　彼らは昨晩ここに無事に到着しました。

My children study <u>hard</u> <u>at home</u> <u>every night</u>.

　私の子供たちは毎晩一所懸命に自宅で勉強します。

**（b）同じ種類の副詞が並ぶ場合：**

**指し示す内容の単位が「小さいもの」から「大きいもの」の順に並びます。**

Please come <u>to my office at Meieki Campus in Noritake</u> <u>at ten in the morning tomorrow</u>.

　明日の午前10時に則武にある名駅キャンパスの私の研究室に来てください。

## *Exercises*

1. 次の各文の下線部の語の品詞と種類（あるいはその働き）を指摘し、全文を日本語に訳しなさい。

（1）This **committee** consists of twenty members. [　　　]

_____

（2）After a storm comes a **calm**. [　　　]

_____

（3）Can you put this radio to **use**? [　　　]

_____

（4）**What** have you come here for at this late hour of night? [　　　]

_____

(5) I couldn't make myself **heard** above the noise of the train. [　　　]

_____

(6) He is most **unlikely** to say such a thing. [　　　]

_____

(7) **Like** sunshine after a storm was the pleasant week which followed. [　　　]

_____

(8) I unluckily found my purse stolen while I enjoyed **shopping**. [　　　]

_____

(9) War is a cruel crime **against** humanity. [　　　]

_____

(10) She embarrassed me by asking **if** I loved you. [　　　]

_____

## 2. 次の各文の下線部について、それぞれの誤りを訂正しなさい。

(1) The lecturer **addressed to** the audience enthusiastically. (　　　　)
(2) I tried to **explain about** our project. (　　　　)
(3) Good medicine tastes **bitterly**. (　　　　)
(4) I felt **unpleasant** at his remarks. (　　　　)
(5) As I felt thirsty, I wanted **cold something** to drink. (　　　　)
(6) The lack of money had made **him impossible** to go abroad. (　　　　)
(7) We shook **hand** with each other on the successful deal. (　　　　)
(8) Thoughts are expressed by **mean** of words. (　　　　)
(9) **That** is learned in the cradle is carried to the grave. (　　　　)
(10) He prefers to living in the country **to live** in town. (　　　　)

## 3. 次の日本語に合うように、各文の（　　）の中から正しい語を選びなさい。

(1) Medicine is a **(respectable, respectful, respective)** profession.
　　医療は社会的に地位の高い（尊敬に値する）職業です。
(2) The subordinators stood at a **(respectable, respectful, respective)** distance
　　from the President.
　　部下たちは、失礼にならないように（敬意を表して）、社長から少し離れて立っていました。
(3) Go back to your **(respectable, respectful, respective)** homes soon.
　　すぐにそれぞれの家に帰りなさい。
(4) You should be more **(sensible, sensitive, sensuous, sensual)** to his feelings.
　　君は彼の気持ちをもっと汲んであげる（敏感である）べきだよ。
(5) We were all attracted by the **(sensible, sensitive, sensuous, sensual)** harmony.
　　私たちは全員甘美な（感性に訴える）ハーモニーに魅了されました。

(6) It'll be (**sensible, sensitive, sensuous, sensual**) of you to give me good advice at this moment.

このときにいい忠告をくれるなんて、君はなんていい（分別のある）人なんだろう。

(7) These paintings at the exhibition looked very (**sensible, sensitive, sensuous, sensual**).

展覧会のこれらの絵はとても官能的に（肉感的に訴えるように）見えました。

(8) All the characters in this drama are (**imaginative, imaginable, imaginary**).

この劇の登場人物は全員架空の（想像上の）人たちです。

(9) Pablo Picasso is evaluated as one of the most (**imaginative, imaginable, imaginary**) artists in the world.

パブロ・ピカソは、世界で最も独創的な（想像力豊かな）芸術家の1人として評価されています。

(10) We attempted every method (**imaginative, imaginable, imaginary**) to solve the task.

私たちは、その課題を解決するために、ありとあらゆる（想像できる限りの）方法を試みました。

**4. 次の日本語に合うように、（　　）の中の語を正しい語順に並び替えなさい。ただし、文頭に来るべき語も小文字で示してあります。**

(1) Please show me (**teacups, polished, the, all, British**) on the showcase.

陳列棚の上にあるイギリス製の光沢のある紅茶カップを全部見せてください。

_____

(2) Don't expect your parents (**time, you, all, financially, to, the, support**).

いつもお金の面で両親から支援してもらえると期待してはいけません。

_____

(3) I think it (**from, every, to, free, busy, be, day, something**) duties.

私は日常の多忙な義務から自由になることもそれなりに大切なことだと思っています。

_____

(4) My daughter showed (**present, received, pretty, she, me, the**) from her steady.

私の娘は彼氏からもらった可愛いプレゼントを私に見せてくれました。

_____

(5) This incident in a small town (**led, nationwide, the, to, riots, public**).

ある小さな町のこの些細な出来事によって、大衆が全国規模の暴動を引き起こすことになりました。

_____

(6) Look! The mountain (**covered, with, of, is, top, snow, the, which**) is Mt. Tanigawadake.

ほら見てください。頂上が雪で覆われている山が谷川岳です。

_____

(7) (news, the, hear, alas!, of, to) my grandfather's death on vacation.
ああ！休暇中に祖父の訃報の知らせを聞くなんて。

(8) My father is (fly, researchers, of, to, the, drones, first, one) in their fieldwork.
私の父はフィールドワークでドローンを飛ばした最初の研究者のうちの1人です。

(9) I didn't (money, amount, of, stolen, the, grasp) during my stay in Paris.
私はパリ滞在中にいくらお金を盗まれたかが把握できていませんでした。

(10) There was (Mr., call, a, for, from, a, you, phone, Tanaka) while you were out.
外出中にタナカさんという方から電話がありましたよ。

**5. 次の日本語に合うように、各文の（　　　）内に指示された文字で始まる適切な語を1語入れなさい。**

(1) The traffic lights on the street (t　　　) green.
通りの信号が青に変わりました。

(2) An old friend of mine (r　　　) a system engineer.
親友の1人は依然としてシステムエンジニアの職のままでした。

(3) The (p　　　) is how you will solve the task.
要は、どのようにその課題を解決するかです。

(4) Don't (l　　　) the door open when it is cold.
寒いときは、ドアを開けたままにしておいてはいけません。

(5) I'm sorry to have kept you (w　　　) for a long time.
長い間待たせてしまって、申し訳ございません。

(6) (T　　　) say that smoking is bad for the health.
喫煙は健康に悪いと言われています。

(7) Please help (y　　　) to beer, wine, whisky, or anything you want.
ビールでも、ワインでも、ウィスキーでも、何でも欲しいものをご自由にお召し上がりください。

(8) I appreciate very much that you offered me an opportunity (t　　　) to lose.
逸するには惜しいような絶好の機会を私に与えてくださり、本当に感謝しております。

(9) I think. (T　　　), I am.
我思う、故に我あり。

(10) It was just twenty o'clock, (f　　　) I heard the church bell ringing.
ちょうど12時でした。というのも、教会の鐘が鳴っているのが聞こえたからでした。

## 6. 次の英文を日本語に訳しなさい。

Though Monaco has a very small land, it has a population of 38 thousand, which makes it the most densely populated country in Europe.

**ヒント** ☞ which以下の文のmakeは、「Oを〜する」という意味で用いられています。

## 7. 次の和文を英語に訳しなさい。

ベネチア（Venice）は2度訪れる価値のある魅力的な都市です。

**ヒント** ☞ worthという形容詞の用法を辞書で確認して、「都市（city）」に対する修飾関係に注意して、接続詞を使わずに1文で表してみましょう。

# UNIT 2　文型と動詞（1）

## Review Practice

前のUNITでは、品詞について学びました。以下の各文の下線部の品詞を指摘し、全文を日本語に訳しなさい。すぐに答えられない人は英和辞書を引くなどして、品詞を確認してから取り組むようにしてください。

(1) Many researchers **question** the effectiveness of taking vitamin and mineral. [　　　　　]

――――――――――――――――――――――――――――――――――――――――――

(2) These similar **questions** were asked in other textbooks. [　　　　]

――――――――――――――――――――――――――――――――――――――――――

(3) Manami has been practicing the piano **hard** since this afternoon. [　　　　]

――――――――――――――――――――――――――――――――――――――――――

(4) I had to sit on an uncomfortably **hard** chair. [　　　　]

――――――――――――――――――――――――――――――――――――――――――

(5) There has been **hardly** any good news lately. [　　　　]

――――――――――――――――――――――――――――――――――――――――――

## Introduction

このUNITでは、動詞を中心に、英語の文型について確認します。まず、下の例文を見てみましょう。

(a) I **became** a teacher last year.
(b) This suit **becomes** you well.

(a) と（b）で用いられているbecame/becomesはそれぞれどういう意味でしょうか。英和辞書を引いてみれば、becomeにもさまざまな意味があることがわかり、なんとなくあてはまりそうな意味を推測することはできるかもしれませんが、実は、上記のbecame/becomesは、動詞としての種類がまったく異なるものです。このUNITでは、主語（S）、動詞（V）、目的語（O）、補語（C）で構成される文型の知識を復習しながら、その知識を活用することで、動詞の意味にアプローチしていく方法を学びます。

## Check

英語の基本文型と考えられている5つを表に挙げてあります。S・V・O・Cという略号は、それぞれ、主語（subject）、動詞（verb）、目的語（object）、補語（complement）の頭文字をとっています。

| | | |
|---|---|---|
| <第1文型> | S + V | ● 自動詞が用いられる。 |
| <第2文型> | S + V + C | ● 自動詞が用いられる。<br>● 主語と補語がイコールの意味関係になる。（S＝C） |
| <第3文型> | S + V + O | ● 他動詞が用いられる。<br>● 目的語を1つとる。（S≠O） |
| <第4文型> | S + V + O₁ + O₂ | ● 他動詞が用いられる。<br>● 目的語を2つとる。（O₁≠O₂） |
| <第5文型> | S + V + O + C | ● 他動詞が用いられる。<br>● 目的語と補語がイコールの意味関係になる。（O＝C） |

## *Grammar Points*

**Q1** 文型を扱う際に用いられる目的語、補語とはどのようなものですか。

**A1** 目的語とは、「動詞の動作の対象のこと」であり、補語とは、「主語や目的語の意味を補足するもの」です。

Many tourists see **cherry blossoms** in Kyoto in April. [cherry blossomsはseeの対象⇒目的語]

　多くの観光客が4月に京都で桜を見ます。

Everyone loves **the dog**. [the dogはloveの対象⇒目的語]

　みんなその犬を愛しています。

Mr. Takeda is **a good math teacher**. [a good math teacherはMr. Takedaの説明をしている⇒補語]

　タケダ先生はよい数学の先生です。

Her smile makes **us** happy. [happyはus（「私たち」）の説明をしている⇒補語]

　彼女の笑顔は私たちを幸せにします。

☞補語は主語や目的語と「イコール」の意味関係が成立すると考えましょう。上の例では、「タケダ先生」＝「よい数学の先生」や「私たち」＝「幸せである」は、主語や目的語をそれぞれ「補足的」に説明していて、イコールの意味関係が成立しています。

**Q2** 自動詞と他動詞の違いは何でしょうか。

**A2** 目的語をとらない動詞を自動詞（＝第1・2文型で用いられる動詞）、目的語をとる動詞を他動詞（＝第3・4・5文型で用いられる動詞）と言います。

The baby **cried** loudly. [criedの後ろに目的語がない⇒自動詞]

　その赤ん坊は大声で泣きました。

John **baked** a chocolate cake. [a chocolate cakeという目的語をとる⇒他動詞]

　ジョンはチョコレートケーキを焼きました。

以下のように、自動詞にも他動詞にも用いられる動詞が数多くあります。

Oranges **grow** well in warm areas. [growの後に目的語がない⇒自動詞]

　ミカンは温かい地域でよく育ちます。

A family **grows** oranges in the garden. [orangesという目的語をとる⇒他動詞]

　ある家庭は庭でミカンを育てています。

☞動詞について辞書を引く際に、その動詞が自動詞（intransitive verb）であるか、他動詞（transitive verb）であるかチェックする習慣をつけましょう。

**Q3**　第4文型（S＋V＋$O_1$＋$O_2$）における2つの目的語（$O_1$と$O_2$）の特徴は何ですか。

**A3**　主に、$O_1$に「人」、$O_2$に「モノ」があてはまり、その行為の結果、$O_1$が$O_2$を「所有している」ことを表します。

Brian **teaches** us English.

　ブライアンは私たちに英語を教えています。

　⇒教えてもらった結果、「私たち」は英語を身につけることになる。

My aunt **bought** me a monolingual dictionary.

　私の叔母は私に英英辞書を買ってくれました。

　⇒買ってもらった結果、「私」は英英辞書を手に入れることになる。

厳密には、第4文型に用いられる動詞は、give型とbuy型に分類することができます。give型であるか、buy型であるかに応じて、第4文型から第3文型に書き換えを行う際にその方法が変わってくることに留意しましょう。

| | give型 | buy型 |
|---|---|---|
| 意味 | 「$O_1$（人）に$O_2$（モノ）を〜する」 | 「$O_1$（人）のために$O_2$（モノ）を〜する」 |
| 動詞の例 | lend, send, show, teach, tell, pay, pass, hand, read, write, etc. | choose, find, get, leave, make, cook, sing, play, call, etc. |
| 第3文型への書き替え | "S V $O_1$（人）$O_2$（モノ）" は "S V $O_2$（モノ）to $O_1$（人）" と書き換える。 | "S V $O_1$（人）$O_2$（モノ）" は "S V $O_2$（モノ）for $O_1$（人）" と書き換える。 |

give型の場合、「与えた」対象の人物であるNaokiが省かれると意味が通らないため、第3文型に書き換える際はtoを用います。

I gave Naoki a sweater. ⇒ I **gave** a sweater **to** Naoki.

　私はナオキにセーターをあげました。

また、buy型の場合、「買った」対象の人物であるNaokiが省かれても意味が通るため、第3文型に書き換える際はforを用います。

I bought Naoki a sweater. ⇒ I **bought** a sweater **for** Naoki.

　私はナオキにセーターを買ってあげました。

**Q4** 第4文型（S ＋ V ＋ O₁ ＋ O₂）は第3文型（S ＋ V ＋ O₂ ＋ to/for O₁）に書き換えが可能ですが、どういったときに第3文型と第4文型を用いたらよいですか？

**A4** 英語は新しい情報・強調したい内容を文末に置くのが自然なので、行為の対象になっている「人」を文末に置きたい場合は第3文型、「モノ」を文末に置きたい場合は第4文型を用います。

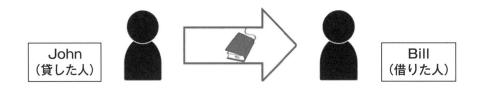

| John | lent | Bill | a book. | ←「本」を貸したことが重要な場合は第4文型を用いる。 |
| S | V | O₁ | O₂ | |

ジョンはビルにある本を貸しました。

| John | lent | the book | to Bill. | ←「Bill」に貸したことが重要な場合は第3文型を用いる。 |
| S | V | O | | |

ジョンはその本をビルに貸しました。

☞行為の対象になっている「人」が修飾語句を伴って長くなっているときも、第3文型を用いることが多いことに留意しましょう。（英語は長い要素を文末に置く傾向があります。）

Ms. Okamura **showed** the photo to every student in his class.
　オカムラ先生はその写真をクラスのすべての生徒に見せました。

**Q5** 第5文型（S ＋ V ＋ O ＋ C）の文はどのような意味を表し、どのような動詞が用いられますか。

**A5** 動詞の行為の結果、OとCがイコールの関係になります。第5文型で用いられる動詞には、次の3種類があります。

(a) O ＝ Cであると考えるタイプの動詞
- think ● consider ● believe ● find ● prove　etc.

(b) O ＝ Cの状態にするタイプの動詞
- make ● keep ● leave ● get ● turn　etc.

(c) その他の動詞
- paint ＋ O ＋ C「OをCに塗る」
- name ＋ O ＋ C「OをCと名づける」
- appoint ＋ O ＋ C「OをCに任命する」
- call ＋ O ＋ C「OをCと呼ぶ」
- elect ＋ O ＋ C「OをCに選ぶ」
　　　　　　　　　　etc.

Many readers **thought** the book interesting.
　多くの読者はその本が面白いと思いました。

My brother often **keeps** the door open.

　私の弟はしばしばドアを開けっぱなしにしてしまいます。

Ms. Yamada **named** the doll Daisy.

　ヤマダさんはその人形をデイジーと名づけました。

## *Exercises*

1. 次の各文の下線部の動詞が自動詞の場合はIと、また、他動詞の場合はTと記し、全文を
   日本語に訳しなさい。

(1) He **got** tired after he walked just ten minutes.　[　　]

_____

(2) I **got** the food voucher at the convenience store.　[　　]

_____

(3) If you have any questions, **raise** your hand.　[　　]

_____

(4) Temperature **rises** gradually with large short-term variations.　[　　]

_____

(5) The island **lies** off the west coast of Scotland.　[　　]

_____

(6) Mothers routinely **lay** babies on their backs to sleep.　[　　]

_____

(7) We must **talk** about tomorrow's schedule.　[　　]

_____

(8) The professors **discussed** the issue at the meeting.　[　　]

_____

(9) My sister is going to **enter** university this April.　[　　]

_____

(10) Mizuki will **graduate** from university next week.　[　　]

_____

2. 次の各文の主語（S）、動詞（V）、目的語（O）、補語（C）を指摘し、第何文型であるかを答え、
   全文を日本語に訳しなさい。

(1) The staff apologized to us for the delay.　第[　　]文型

_____

(2) My mother made me lunch yesterday.　第[　　]文型

_____

(3) His song always makes us happy.　第[　　]文型

_____

(4) The flight is approaching Seattle.　第[　　]文型

_____

(5) The department store opens at 10:00 a.m.　第[　　]文型

_____

(6) The parents had to keep quiet.　第[　　]文型

_____

(7) We left Tokyo for Yokohama this afternoon.　第[　　]文型

_____

(8) The bullet train started from Nagoya to Kyoto just now.　第[　　]文型

_____

(9) His aunt runs her own business.　第[　　]文型

_____

(10) Always keep your room clean.　第[　　]文型

_____

**3.** 次の各文の（　　）の中の語を並び替えて、全文を日本語に訳しなさい。ただし、（　　）内の
　　すべての語句を使うとはかぎらないので注意すること。なお、文頭に来るべき語も小文字で示
　　してあります。

(1) The representative (**presentation, of, showed, the, his, outline, us**) at first.

_____

(2) Manami took many photos in Okinawa, and (**Shota, showed, them, to**).

_____

(3) The lecturer (**pens, brought, for, us, many**) for the group activity.

_____

(4) Mr. Akinaga was a teacher at a junior high school, and he (**the, taught, students, to, Science**).

_____

(5) Ms. Matsuo quit an English teacher at a high school this March, but she will start to (**students, English, teach, university, to**).

_____

(6) I'm grateful for Mr. Smith. I (**amount, large, money, him, of, owe, a**).

_____

(7) A: What did Yurie buy for his birthday?
　　 B: (**bought, cooking, for, him, she, tools**).

_____

(8) A: Who did Yurie buy the cooking tools for?

B: (bought, for, she, Takashi, them).

_____

(9) A: What did John give Mary?

B: (he, her, gave, a bouquet, to).

_____

(10) A: Who did John give a bouquet to?

B: (he, Mary, gave, to, it).

_____

**4.** 次の各文が第何文型であるかを指摘しなさい。また、下線部の語について、英和辞書を引いて、意味を確認し、全文を日本語に訳しなさい。

(1) I will **go** back to my hometown during summer vacation.

第[    ]文型　下線部：_____

_____

(2) The company **went** bankrupt.

第[    ]文型　下線部：_____

_____

(3) It is **getting** daker and daker around here.

第[    ]文型　下線部：_____

_____

(4) Hanako will **get** to the station soon.

第[    ]文型　下線部：_____

_____

(5) My doctor's tips **did** well.

第[    ]文型　下線部：_____

_____

(6) I'll **do** my homework this evening.

第[    ]文型　下線部：_____

_____

(7) Can you **do** me a favor?

第[    ]文型　下線部：_____

_____

(8) Her face **turned** red to hear the news.

第[    ]文型　下線部：_____

_____

(9) I **turned** the key to open the door.

第[　]文型　下線部：_____

---

(10) The ice **turned** to the water.

第[　]文型　下線部：_____

---

## 5. 次の英文を日本語に訳しなさい。

She was exclaiming hysterically: 'Oh dear, an earthquake! Oh, what a dreadful shock! I can't bear it — my heart won't stand it! Oh dear, oh dear! An earthquake!'

**ヒント** 本文中のbearとstandが自動詞、他動詞のどちらであるかに注意して、訳しましょう。

## 6. 次の和文を英語に訳しなさい。

科学技術が発達したおかげで、電子書籍を利用する人が増えている。

**ヒント** 文型に応じていろいろな書き方ができる問題です。thanks toを使ったり、makeを使ったりして書いてみましょう。

# UNIT 3 文型と動詞 (2)

## Review Practice

前のUNITでは、文型の基本パタンについて学びました。以下の英文の文型（①SV, ②SVC, ③SVO, ④SVOO, ⑤SVOC）を指摘して、全文を日本語に訳しなさい。

(1) I believe him honest.
　　[　　　　　] ＿＿＿＿＿＿＿＿＿＿＿＿＿＿＿＿＿＿＿＿＿＿

(2) He gave me a lot of useful information.
　　[　　　　　] ＿＿＿＿＿＿＿＿＿＿＿＿＿＿＿＿＿＿＿＿＿＿

(3) He stole the money from me.
　　[　　　　　] ＿＿＿＿＿＿＿＿＿＿＿＿＿＿＿＿＿＿＿＿＿＿

(4) This kind of thing happens sometimes.
　　[　　　　　] ＿＿＿＿＿＿＿＿＿＿＿＿＿＿＿＿＿＿＿＿＿＿

(5) He is a talented musician.
　　[　　　　　] ＿＿＿＿＿＿＿＿＿＿＿＿＿＿＿＿＿＿＿＿＿＿

## Introduction

このUNITでは、前のUNITに引き続いて、文型と動詞について学びます。前のUNITで学んだ文型の要素を展開させることによって、より複雑な英文の構造を理解することができます。また、このUNITでは、知覚動詞や使役動詞などさまざまな動詞の用法も扱います。

I think that she will not come.
　　彼女は来ないと思います。

上の英文では、thinkという動詞はSVO構文をとると考えて、O（目的語）がthat she will not comeであると考えます。目的語がthat節によって展開されています。

I made my friends clean up the room.
　　私は友だちに部屋を掃除させました。

上の英文では、make（〜に〜させる）がSVOC構文をとると考えれば、O（目的語）とC（補語）のあいだに主述関係（My friends clean up the room.）が認められます。前のUNITで勉強したHe made her happy.では、O（her）とC（happy）のあいだにbe動詞を使った主述関係（She is happy.）が認められるので、この構文の発展形であると考えるとよいでしょう。

# *Check*

前のUNITで学んだ5つの文型を発展させて、いくつかの代表的なより複雑な英文の構造をまとめてみましょう。5文型に英文のすべての構造が含まれるわけではありませんが、5文型の考え方を発展させることで、多くの基本的な構文の理解につながります。

| | | |
|---|---|---|
| **SVO** | Oがthat節/wh節 | We still don't fully understand **how the brain works**. （私たちは脳がどのように働くのかまだ完全には理解していません。） |
| | Oが動名詞 | I avoided **going out**. （私は外出を避けました。） |
| | Oがto不定詞 | I decided **to study abroad**. （私は留学することを決めました。） |
| | Sがthat節 | **That he wasn't surprised** surprised me. （彼が驚かなかったことに私は驚きました。） |
| | Sがit | **It** surprised me that he wasn't surprised. （彼が驚かなかったことに私は驚きました。） |
| **SVC** | Sがthat節 | **That students are struggling with reading** is obvious. （生徒たちがリーディングに苦労していることは明らかです。） |
| | Sがit | **It** is obvious that students are struggling with reading. （生徒たちがリーディングに苦労していることは明らかです。） |
| | SVCのあとにto不定詞 | You are very foolish **to drink so much**. （そんなに飲むなんて君も愚かです。） |
| | SVCのあとにthat節 | I am surprised **that she should do such a thing**. （彼女がそんなことをするなんて驚きです。） |
| **SVOO** | DO（直接目的語）がthat節 | Statistics show us **that things are not as bad as they seem**. （統計は事態が見かけほど悪くないことを示しています。） |
| | DO（直接目的語）がwh節 | Please tell me **why you bought that car**. （なぜその車を買ったのか教えてください。） |
| | Sがit | **It** cost me a lot of money to buy a new car. （新車を買うのにかなりお金がかかりました。） |
| **SVOC** | Cがto不定詞 | I expected him **to come**. （私は彼が来ると思っていました。） |
| | Cが原形動詞 | I made him **go**./I saw her **leave the room**. （私は彼に行かせました。/私は彼女が部屋を出るのを見ました。） |
| | Cが現在分詞 | I saw him **crossing the street**. （私は彼が通りを渡るところを見ました。） |
| | Cが過去分詞 | I got my watch **repaired**. （私は時計を直してもらいました。） |
| | Oがit | I find **it** hard to believe that this is a real photograph. （私はこれが本物の写真だとは信じがたいです。） |
| | Sがit | **It** made me furious that he did not come to the meeting. （彼がミーティングに来なかったことに私は激怒しました。） |

# Grammar Points

**Q1** 文型を構成する要素として、S（主語）、V（動詞）、O（目的語）、C（補語）のほかに、Aというのを書いてある参考書を見ました。これはどういう要素なのでしょうか。

**A1** 副詞句は、とり除いても文が成立すると考えられることが多いですが、副詞句であっても文の要素の一部となり、とり除くことができない場合があります。たとえば、I live in Osaka.のin Osakaを取り除いて、I live.という文は文法的に成立しません。このように、義務的な副詞句を付加詞（Adjunct）と言い、Aという記号で表記されることがあります。I live in Osaka. はSVAの構文ということになります。同様に、I put the book on the table.のon the tableも省略することができないので、この構文をSVOAの構文ということができます。この英文のthe book（O）とon the table（A）は、The book is on the table.という関係になっています。SVOC構文においても、OとCはbe動詞でつなげることができるので、SVOAとSVOC構文は類似していると言えます。

**Q2** There are some books on the desk.のような存在を表すthere構文の主語はどれでしょうか。

**A2** この文の主語は、一般には、some booksであると考えられています。some booksという複数形に合わせて、動詞がareになっていて、数の一致が見られるからです。ただ、この構文のthereは主語ではないにもかかわらず、あたかも主語であるかのように、疑問文をつくるときに倒置して、Is there ～ ? とか Are there ～ ? などとふるまいます。もう1つこの構文で注意すべきは、There is ～とThere are ～の後にくる存在を表す名詞は、聞き手が知らないはずの情報（新情報）として、「不定」の表現で、theがつく「定」の表現は、原則的には用いられません。

**Q3** 「～に～をさせる」や「～をしてもらう」という意味を表す使役動詞には、make, have, get, letなどがありますが、意味の違いや使い分けを教えてください。

**A3** (a) makeは「～に強制的に～をさせる」という意味ですが、その人がやりたくないことをさせるという意味合いになります。(b) haveは、「～に～してもらう」という意味ですが、仕事としてやって当然のことを指示する場合に多く用いられます。(c) getは、「説得やお願いをして～させる／～してもらう」という意味合いが強くなります。(d) letは「～にさせてあげる」という意味で、その人が望むことを容認・許可するという意味で使われます。

(a) The teacher **made** him **do** extra work.
その教師は彼に追加の課題をやらせました。

(b) I'll **have** the sales person **call** you back.
私は営業担当者に折り返し電話をかけさせます。

(c) I **got** my child **to take** the medicine.
私は子どもを説得して薬を飲ませました。

(d) My boss **let** me **go** home early today.
上司は私に今日は早めの帰宅を許可してくれました。

☞これらの使役動詞の構文はSVOC構文であると考えると、OとCの関係が主述の関係になっていることに気づきます。たとえば、The teacher (S) made (V) him (O) do extra work(C). では、OとCの関係が、He did extra work.と主述の関係になっています。

☞make, have, letのあとには原形の動詞がきますが、getのあとには、to不定詞が使われる点に注意しましょう。

**Q4** 使役動詞と同じように、hear, seeなどの動詞も、目的語（O）のあとに、原形の動詞がきますが、SVOCの構文として解釈するといいのでしょうか。

**A4** 視覚や聴覚などを表す動詞も、目的語のあとに原形の動詞がきます。目的語（O）とそれに続く動詞が主述の関係になりますので、SVOC構文ととらえて、OとCが主述の関係にあると考えると意味をとりやすいでしょう。目的語のあとには、原形の動詞のほか、現在分詞や過去分詞がくることもできます。

I saw a man **cross** the street.（crossという行為が完結している）
　私は男性が道路を横断するのを見ました。
I saw a man **crossing** the street.（crossという行為の過程の一部が示されている）
　私は男性が道路を横断しているのを見ました。
I saw him **bitten** by a dog.
　私は彼が犬にかまれるのを見ました。

☞知覚を表す動詞には、feel（〜を感じる）、hear（〜を聞く）、notice（〜に気づく）、observe（〜を目撃する）、see（〜を見る）、smell（〜のにおいがする）、watch（〜を見る）などがあります。

☞多くの場合、知覚を表す動詞を使った文は、受動態にすることができます。受動態では、原形不定詞はto不定詞になります。

The woman **was seen to cross** the street.
　その女性は通りを渡るところを見られました。
The woman **was seen crossing** the street.
　その女性は通りを渡っているところを見られました。
The woman **was seen dressed** in the same clothing.
　その女性は同じ服を着ているのを見られました。

☞ここでは、多くの参考書の説明にならい、知覚を表す動詞の文型をSVOC文型の発展として、SVOCのOとCの関係がbe動詞の主述の関係と見ることの発展形ととらえています。

**Q5** I washed my hands. はSVOの構文ですが、文の最後にcleanをつけて、I washed my hands clean.（私は手を洗ってきれいにした。）と言えば、SVOCの構文と考えていいので

しょうか。

**A5** 動詞washは目的語をとるだけで完全な文をつくることができますので、基本的には、SVO構文で用いられると考えられますが、任意の要素としてcleanをつけることができ、その場合は、SVOC構文と考えてもいいでしょう。OとCは、be動詞でつなぐことができる関係（My hands were clean.）にあることに注意しましょう。また、よく似た構造の文に、次のようなものもありますが、それぞれの形容詞が結果を表しているのではない点が異なっています。

(a) I drink coffee <u>black</u>.
　　わたしはコーヒーをブラックで飲みます。
(b) He left the room <u>angry</u>.
　　彼は怒って部屋から出ていきました。

(a) は、blackがdrinkという動作の結果を表しているわけではない点で、I washed my hands clean.とは異なっています。(b) は、He left the room.とHe was angry.が合わさったような文になっていて、SとCがbe動詞でつなぐことができる関係になっています。

**Q6** 動詞に前置詞や副詞がくっついて、全体として、他動詞のような働きをする場合がありますが、どのような例がありますか。

**A6** このようなものは複合動詞と呼ばれています。たくさんの例があり、英語では多く用いられます。たとえば、account for （～を説明する）、deal with （～を扱う）、look up to （～を尊敬する）では、ひとかたまりとして、他動詞のようにふるまっており、前置詞の後の要素を主語にして、He is looked up to by everybody.のように受動文をつくることもできます。そのほか、動詞＋名詞＋前置詞で構成されて、全体として他動詞のような意味を表すmake fun of （～をからかう）、take advantage of （～を利用する、～につけ込む）のような複合動詞もあります。

## *Exercises*

1. 次の各文の下線部について、S、V、O、C、Aを指摘し、全文を日本語に訳しなさい。

(1) <u>I</u> <u>am</u> <u>afraid</u> that he would get angry.

_____

(2) <u>My husband</u> is <u>reading</u> <u>our children</u> <u>a bedtime story</u>.

_____

(3) <u>My grandfather</u> <u>told</u> <u>me</u> <u>a funny story</u>.

_____

(4) <u>The couple</u> <u>painted</u> <u>the house walls</u> <u>yellow</u>.

_____

(5) There <u>were</u> <u>a lot of people</u> in the theatre.

_____

(6) <u>The witch</u> <u>turned</u> <u>the prince</u> <u>into a frog</u>.

_____

(7) <u>I</u> <u>put</u> <u>your dictionary</u> <u>beside your bag</u>.

_____

(8) <u>My sister</u> is <u>lying</u> <u>on the sofa</u>.

_____

(9) <u>I</u> used to <u>keep</u> <u>my hands</u> <u>warm</u> with a baked potato.

_____

(10) <u>She</u> <u>dresses</u> <u>elegantly</u>.

_____


2. 次の各文のit は、意味的には、S（主語）、O（目的語）のどの働きをしているかを指摘し、全文を日本語に訳しなさい。

(1) <u>It</u> is important to monitor the volcanoes.　[　　]

_____

(2) I found <u>it</u> easy to use the software.　[　　]

_____

(3) <u>It</u> is widely believed that finding a four-leaf clover brings good luck.　[　　]

_____

(4) <u>It</u> makes me happy to hear you say that.　[　　]

_____

(5) We made <u>it</u> clear that we wouldn't tolerate any more excuses.　[　　]

_____

(6) <u>It</u> is not easy to find a parking spot in this crowded city.　[　　]

_____

(7) He found <u>it</u> difficult to adjust to the new environment.　[　　]

_____

(8) We find <u>it</u> important to maintain a healthy work-life balance.　[　　]

_____

(9) <u>It</u> is well known that snow crystals have an extraordinarily complex structure.　[　　]

_____

(10) They consider <u>it</u> a great honor to be invited to the event.　[　　]

_____


3. 次の各文の複合動詞の部分に下線を引き、その意味を答えて、全文を日本語に訳しなさい。

(1) She brought up an interesting point during the meeting.

_____

(2) They called off the football match due to bad weather.

_____

(3) I get along well with my colleagues at work.

_____

(4) She looks after her younger siblings when her parents are away.

_____

(5) They decided to put off the meeting until next week.

_____

(6) Takuya is looked up to by everybody in class.

_____

(7) Please take off your shoes before entering the house.

_____

(8) Can you turn on the lights, please?

_____

(9) He gave up smoking a year ago.

_____

(10) We need to break down the problem and find a solution.

_____

## 4. 次の各文の下線部における主述関係を英文で示しなさい。

(1) I saw **her entering the building**.

_____

(2) Meg heard **her name called**.

_____

(3) Please let **me know your availability**.

_____

(4) I had **my car fixed** a few days ago.

_____

(5) I heard **a kitten meowing** somewhere in the bushes.

_____

(6) I felt **something touch my leg**.

_____

(7) I heard **him scolded by his mother**.

_____

(8) He always makes **me laugh**.

_____

(9) I'll get **the dinner ready**.

_____

(10) I had **a professional photographer** underline{take that picture}.

---

## 5. 次の英文を日本語に訳しなさい。

The first step to make a change in your life, to get what you want from life, to make your life better is to first specifically decide what it is you want.

**ヒント** ☞ 本文中の不定詞の用法に注意して、訳しましょう。

## 6. 次の和文を英語に訳しなさい。

部屋の外では子どもたちが大声をあげて遊んでいました。彼女は勉強に集中するのは難しいと思いました。

**ヒント** ☞ find it＋形容詞＋to不定詞の構文を使ってみましょう。

# UNIT 4 時間の表し方（1）

## Review Practice

前のUNITでは、文型の応用パタンについて学びました。以下の各文の空所に入る語を下記の動詞群から選び、全文を日本語に訳しなさい。この際、必要に応じて動詞の形を変えること。

> see, hear, feel, keep, leave, make, have, let, get

(1) Just (　　　　　) me know when you're free.

_____

(2) The way that you flip your hair (　　　　　) me overwhelmed.

_____

(3) The fiber in the apple will (　　　　　) you feel full faster.

_____

(4) In Amami, you can (　　　　　) a school of whales swimming in the water.

_____

(5) Some pieces are gone and I (　　　　　) the puzzle undone.

_____

## Introduction

このUNITでは、時間の表し方として、「現在」「過去」「未来」という基本的な時間の表現を学びます。これらは「時制」と呼ばれています。以下の例文を見てみましょう。

(a) I **go** for a walk with my dog every day.（現在時制）
(b) I **went** for a walk with my dog this evening.（過去時制）
(c) I **will go** for a walk with my dog from now.（未来時制）

(a) の文では現在形、(b) の文では過去形が用いられていますが、読み手は、動詞の形によって、時制が現在であるか、過去であるかを判断することができます。一方で、(c) のように、未来時制を示そうとした場合、willという助動詞を用いたり、be going toと組み合わせたりして、動詞そのものの活用形ではない形式で表現します。

このUNITでは、基本時制（現在時制、過去時制、未来時制）の形式と意味について、改めて確認しましょう。

# Check

現在時制、過去時制、未来時制の形式と意味についてまとめたものが以下のとおりになります。未来時制は、willやbe going to以外にも形式があること、加えて、形式に応じて意味も変わってくることを確認しておきましょう。以下では、現在時制、過去時制、未来時制が示す意味の整理を行っていきます。

| | 現在時制 | 過去時制 | 未来時制 |
|---|---|---|---|
| 形式 | is / am / are<br>一般動詞の現在<br>（主語に応じて、3単現のsが動詞の語末につく場合がある。） | was / were<br>一般動詞の過去形 | ① will＋動詞の原形<br>② be going to＋動詞の原形<br>③ be about to＋動詞の原形<br>④ be＋ing形<br>⑤ 現在形（確定未来など） |
| 意味 | ① 現在の状態<br>② 現在の習慣<br>③ 不変の事実・真理 | 過去の動作・状態・習慣 | 基本的に、未来のことについて示すが、形式に応じて意味が変わる。 |

# Grammar Review

**Q1** 現在形の文では、何を表すことができるでしょうか？

**A1** 現在形は、①現在の状態、②現在の習慣、③不変の事実・真理というように、時間の推移に関係なく、すぐに変わらないことを表します。

I **live** in an apartment near university.
　私は大学の近くのアパートに住んでいます。（現在の状態）
Hiroshi **walks** to university every day.
　ヒロシは毎日大学まで歩いて通っています。（現在の習慣）
The sun **rises** in the east.
　太陽は東から昇ります。（（過去でも未来でも変わることのない）不変の事実・真理）

☞ 頻度を表す副詞（always, usually, often, sometimes, rarely [seldom], neverなど）と一緒によく用いられます。

**Q2** 過去形の文では、何を表すことができるのでしょうか？

**A2** 過去形は、過去の動作、状態、習慣を表します。

Mai **visited** Kyoto last weekend.
　マイは先週末京都を訪れました。（過去の動作）
Ayaka **was** a student ten years ago.
　アヤカは10年前は学生でした。（過去の状態）
I often **went** fishing when I was a boy.
　少年の頃、私はよく釣りに行きました。（過去の習慣）

☞過去の習慣を示すその他の表現として、would oftenやused toを用いることがあります。このうち、used toは「以前は〜していたが、今はそうでない」という現在との対比を強調しています。また、used toは「過去の習慣」と「過去の状態」を表すことができますが、wouldは「過去の状態」を表すことはできません。

I **would often** go to a fitness center when I lived in Kyoto.
　京都に住んでいた頃、私はよくフィットネスセンターに行っていました。
I **used to** watch a baseball game at a baseball park.
　私はかつてよく野球場で野球の試合を観ていました。

☞その行為が現在まで続いている場合は、日本語の「〜した」というニュアンスでも、過去時制ではなく、現在時制で表すことがあるので注意しましょう。

I **see** [**understand**].
　わかりました。[現在も理解している]
I'm a little **tired**.
　少し疲れました。[現在も疲れている]

**Q3** 未来時制の表現のwillとbe going toはどのように使い分ければよいのでしょうか？
**A3** willを用いた文は「そうなるであろう未来」や「主語の意志を含む未来」を表し、be going toを用いた文は「計画していた未来の予定」や「何かの原因で起こりそうな近い未来」を表します。

You look busy now. I **will** email her.
　あなたは今忙しそうですね。私が彼女にメールをしておきます。
I can't help you tomorrow. I **am going to** go back to my parents' house.
　私は明日はあなたを手伝うことができません。両親の実家に帰る予定です。
My grandmother took medicine. She **is going to** get better tomorrow.
　私の祖母は薬を飲みました。明日にはよくなっているでしょう。

☞willやbe going to以外に、現在時制や現在進行形を用いて、未来時制を示すこともあります。

The first train for Kyoto **starts** at five tomorrow morning.
　京都への始発電車は明日の朝5時に出発します。（確定的未来）
I **am leaving** for Fukuoka this evening.
　今晩私は福岡に向けて出発します。（近い未来の予定）

**Q4** If節の中で、未来のことを表現するときに、未来時制を使う場合と使わない場合がありますが、どのように区別すればいいのでしょうか。
**A4** 時・条件を表す副詞節の中では、未来時制ではなく、現在時制を用います。

**If it doesn't rain tomorrow**, we will go on a picnic. ← × If it will not rain tomorrow

　もし明日雨が降らなければ、私たちはピクニックに行きます。

I will call you **when I arrive at the hotel**. ← × when I will arrive at the hotel

　私がホテルに着いたら、あなたに連絡します。

☞ここで、副詞節について、再確認しておきましょう。節とは、主語（S）＋動詞（V）の形を含むものです。名詞節・形容詞節・副詞節は、それぞれ名詞・形容詞・副詞のような働きをし、文の中心となる主節の一部になったり、主節を修飾したりします。主節に対し、従属節と呼ばれる節もあり、従属節は単独で成立できません。また、副詞とは、動詞や形容詞などを修飾する品詞です（UNIT 1参照）。よって、副詞節とは、一般に、主節の動詞によって示される内容を修飾するもので、文の主要要素とはならない主語（S）＋動詞（V）の形を含むものです。副詞節は、主節の前にも後にも生起します。

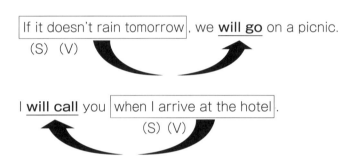

☞時・条件を表す接続詞的表現としては、以下のようなものがあります。

- when（〜するとき）
- after（〜してから）
- before（〜する前に）
- till [until]（〜するまで）
- by the time（〜するまでに）
- since（〜して以来）
- if（もし〜ならば）
- unless（もし〜でなければ）
- once（〜するとすぐに、いったん〜すると）
- as soon as（〜するとすぐに）

☞ここで、名詞節についても、再確認しておきましょう。先ほど見たように、節とは、主語（S）＋動詞（V）の形を含むもので、名詞とは、主語や目的語や補語となる要素となっているものです（UNIT 1参照）。以下の場合、when「いつ〜するか」やif [whether]「〜かどうか」は、時・条件を示す副詞節ではなく、主語、目的語、補語の働きをする名詞節になっているので、未来のことは未来時制で表します。

We wonder | when the new computer will arrive |.

(S)　(V)　　(O)　◆ when以下が目的語となります。

　新しいコンピュータがいつ届くのかしら。

Everyone doesn't know │ if Yusuke will attend the reunion │ .
　　(S)　　　　　　(V)　　　(O)　◆ if以下が目的語となります。
　皆はユウスケが同窓会に出席するのかどうかを知りません。

**Q5** Her grandparents suggest that she study abroad. のように、that節の中で、主語の人称や時制にかかわらず、動詞の原形が用いられるのはどういうときですか？

**A5** 要求や主張などを表す動詞の後のthat節中や感情や理性（必要性、判断など）を表す形容詞を用いたIt is ～ that ～ のthat節中で用います。

◆ 要求や主張などを表す動詞の後のthat節　◆ 感情や理性（必要性、判断など）を表す形容詞を用いたIt is ～ that ～

Her grandparents suggested that she **study** abroad.
　彼女の祖父母は彼女が留学に行ってはどうかと提案しました。
It is necessary that every member **observe** these rules.
　すべての会員はこれらの規則を守らなければなりません。

☞このような形式の文では、それぞれのthat節内の動詞の原形の前にshouldが置かれる場合もあります。

## *Exercises*

1. 次の日本語に合うように、各文の（　　　）を埋めるのに正しい語句を選びなさい。

（1）We sometimes（　　　）a long call.（私たちはたまに長電話をします。）
　　(a) made　　　　　　(b) make　　　　　　(c) makes
（2）The early bird（　　　）the worm.（早起きは三文の徳。）
　　(a) catch　　　　　　(b) catches　　　　　(c) caught

(3) I (　　　) Shion when I went back my hometown.（故郷に帰ったときに、私はシオンに会いました。）

   **(a) am going to meet**　**(b) meet**　　　　**(c) met**

(4) Shoko (　　　) often go fishing with her father.（ショウコは父とよく釣りに行っていました。）

   **(a) is**　　　　　　　**(b) will**　　　　　**(c) would**

(5) A friend of mine (　　　) get married this September.（友達の1人が今年の9月に結婚します。）

   **(a) is going to**　　　　**(b) will**　　　　**(c) would**

(6) I (　　　) finish this report by tomorrow.（私は明日までにはこのレポートを終えるつもりです。）

   **(a) am going to**　　　**(b) used to**　　　**(c) will**

(7) If she (　　　) his farewell party, he will be probably happy.（もし彼女が彼の送別会に参加するなら、彼は喜ぶでしょう。）

   **(a) attended**　　　**(b) attends**　　　**(c) will attend**

(8) Please tell me when you (　　　) to Osaka.（いつ大阪に戻ってくるのか知らせてください。）

   **(a) return**　　　　**(b) returned**　　　**(c) will return**

(9) The professor requires she (　　　) the paper.（その教授は彼女に論文を提出することを求めました。）

   **(a) submit**　　　　**(b) submits**　　　**(c) will submit**

(10) It is necessary that he (　　　) English harder.（彼はもっと英語を勉強する必要があります。）

   **(a) study**　　　　　**(b) studies**　　　**(c) will study**


**2. 次の各文の下線部を正しい形に訂正し、全文を日本語に訳しなさい。**

(1) Rome **is** not built on a day.

_____

(2) The next train **arrived** at this station in five minutes.

_____

(3) There **would often** be a restaurant here.

_____

(4) I **understood** where I have to go.

_____

(5) The phone is ringing. I **am going to answer** it.

_____

(6) Nobody knows what **happens** in the future.

_____

(7) The chocolate cake **doesn't go** bad as long as it is stored properly in a cool place.

_____

(8) If you **will stay** in Osaka next Saturday, will you go to a hot spring in Kobe?

_____

(9) The country requested that Japan **sent** a delegation to the conference.

_____

(10) It was imperative that he **acts** as naturally as possible.

_____


## 3. 次の日本語に合うように、各文の（　　）の中に適語を入れなさい。

(1) I (　　　) that there (　　　) a drug store in front of the station.
　　駅前に薬局があったと思います。

(2) This singer (　　　) be popular, but she (　　　) in retirement now.
　　この歌手はかつて非常に人気がありましたが、現在、彼女は引退しています。

(3) She (　　　) to Africa after she (　　　) from university.
　　彼女は大学を卒業したらアフリカに行くつもりです。

(4) The train (　　　) when the light (　　　).
　　信号が変わったら、その電車は出発します。

(5) Everyone (　　　) if she (　　　) up on time tomorrow.
　　彼女が明日時間通りに起きるかを皆は訝しんでいます。

(6) I (　　　) an appointment to see a specialist next Friday.
　　私は次の金曜日に専門家と会う約束をしました。

(7) After a storm (　　　) a calm.
　　嵐の後に静けさが訪れます。（雨降って地固まる。）

(8) It (　　　) my mother's birthday tomorrow.
　　明日は母の誕生日です。

(9) The law requires that employees (　　　) given the opportunity to take a day off.
　　その法律は従業員が休みを取る権利を与えることを求めています。

(10) It was natural that the player (　　　) angry with the judge.
　　その選手が判定に怒ったのは当然のことでした。


## 4. 次の英文を日本語に訳しなさい。

Many doctors usually recommend that their patients eat small portions frequently throughout the day instead of three large meals.

ヒント☞ recommend that節の動詞の形式に注意しましょう。

## 5. 次の和文を英語に訳しなさい。

ゲーテ（Goethe）が「人は解ることだけ聞いている」と述べたように、人間は聞き方が非常に下手です。

**ヒント** ☞ 「聞き方が非常に下手です」は、名詞を含む表現で「まったく下手な聞き手」というように表してみましょう。

# UNIT 5　時間の表し方（2）

## Review Practice

前のUNITでは、時間の表し方の基本形である「時制」について学びました。以下の各文の下線部を正しい形に訂正し、全文を日本語に訳しなさい。

(1) My boss often says, "Failure **will teach** success."　⇒　[　　　　　　]
_____

(2) E.U. **decides** the plans to halt new sale of combustion engine cars by 2030. ⇒ [　　　　　]
_____

(3) Mr. Hattori wants to know if we **attend** the seminar.　⇒　[　　　　　]
_____

(4) I'll have him call you as soon as he **will come** in.　⇒　[　　　　]
_____

(5) My father insisted the store not **charges** us.　⇒　[　　　　]
_____

## Introduction

（a）の文では現在形、（b）の文では現在進行形がそれぞれ用いられていますが、皆さんが英語を書いたり、話したりするときに、現在形と現在進行形をきちんと使い分けることができていますか。

（a）The water **boil**s at 100℃.
　　　水は100度Cで沸騰します。
（b）Your hot water is **boil**ing.
　　　あなたのお湯が沸騰しています。

前のUNITでは、時間の表し方の基本形である現在時制・過去時制・未来時制を扱いましたが、時制（tense）と異なる時間の表し方として、進行形や完了形などがあり、これらの時間の表し方のことを相（aspect）と呼びます。このUNITでは、進行形や完了形について、間違いやすい用法を中心に復習し、読むことや書くことに応用できるようになりましょう。

## Check

進行形は＜be動詞＋ing形＞という形式をとりますが、それぞれの動詞と結びつくing形に応じて、さまざまな意味を示します。ここでは、動詞を①～④に分類し、進行形にしたときにどのような意

味を示すのかを下記の図でまとめています。

① 状態動詞：原則、状態動詞は進行形にならないが、進行形にした場合は「状態の推移」を示します。
② 動作動詞における瞬間動詞の接近型：進行形にしても、「～している」という意味を表すのではなく、その動作が途中である様子や終わりかけである様子を示します。
③ 動作動詞における瞬間動詞の反復型：現在進行形の示す「繰り返し行われる動作」や過去進行形の示す「過去に繰り返し行われていた動作」を表します。
④ 動作動詞における継続動詞：ある時点での進行中の動作「～している」を表します。

## ＜それぞれの動詞の例＞

| 状態動詞 | 動作動詞 | | |
|---|---|---|---|
| | 瞬間動詞（接近型） | 瞬間動詞（反復型） | 継続動詞 |
| be, like, know, have, believe, etc. | arrive, begin, die, drown, finish, go, stop, etc. | blink, cough, knock, hit, jump, kick, etc. | talk, read, eat, run, stay, teach, travel, walk, write, etc. |

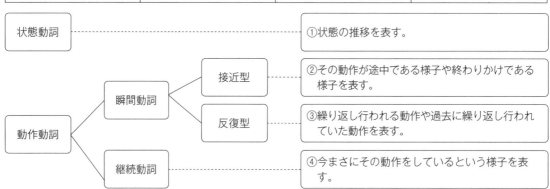

また、完了形を学ぶにあたって、過去形と現在完了形＜have＋過去分詞＞の違いをきちんと理解することが重要になってきます。具体的なイメージについては、Grammar Review以降で改めて整理しますが、まずは、現在完了形で用いることができる時間の表現と現在完了形で用いることができない時間の表現を確認しましょう。

| 過去形で用いる時間の表現<br>（現在完了形で用いることができない） | 現在完了形で用いることができる時間の表現 |
|---|---|
| yesterday, then, last week [year, nightなど], in ～年, in those days, ～ ago, When / What time ～？ | today, this week [month, yearなど], lately, recently, so far, up to now, for the past [last] ～ day(s) [week(s), month(s), year(s)] |

## *Grammar Review*

**Q1** 進行形の文とは何を表しているでしょうか？

**A1** 主に、ある時点での進行中の動作「～している」を表します。

Nagisa **is reading** a book in her room now.

　ナギサは今自室で本を読んでいます。

Nagisa **reads** the newspaper every morning.

　ナギサは毎朝新聞を読みます。

1つ目の文の時制は現在であり、進行形が用いられています。ここでは、「今限定で本を読んでいる」ととらえましょう。一方、前UNITで学んだように、現在形は「いつも変わらないこと」を表すので、2つ目の文は、今読んでいるかが重要なのではなく、「昨日の朝も今日の朝も明日の朝も読む」という習慣的に繰り返し行われる行為を表していることになります。

また、以下の文は、過去進行形、未来進行形の例文であり、過去や未来のある時点における進行中の動作を示しています。

Yosuke **was watching** a baseball game last night.

　ヨウスケは昨夜野球の試合を観ていました。（昨夜限定でしていたこと）

I **will be waiting** to hear from you this time tomorrow.

　明日の今頃、私はあなたからの連絡を待っているでしょう。（明日の今頃限定でしているだろうこと）

☞進行形のその他の用法として、繰り返し行われる動作や過去に繰り返し行われていた動作があります。

The couple **is always quarrelling**.

　そのカップルはいつも喧嘩ばかりしています。（現在に繰り返し行われる動作）

Naoki **was always losing** something in those days.

　ナオキは当時いつもものを失くしていました。（過去に繰り返し行われていた動作）

☞未来進行形を用いることで、フォーマルな表現になったり、確定した予定について表したりすることができます。

I **will be moving** to Nagoya.

　私は名古屋へ引っ越すことになるでしょう。

We **will be sending** you the same product shortly.

　我々は同じ商品をあなたにすぐにお送りいたします。

**Q2** 進行形の文にできる動詞とできない動詞にはそれぞれどのような違いがあるのでしょうか。

**A2** 多くの「動作動詞」は進行形の文で用いることができ、「状態動詞」は、原則、進行形の文で用いることができません。

Kazumi **belongs to** a brass band club. （×Kazumi is belonging to a brass band club.）

　カズミは吹奏楽部に所属しています。

☞belong「所属している」はそれ自体が「〜している」という意味をもつ状態動詞のため、進行形にすることができません。

動作動詞と状態動詞の違いは、以下のようになります。
- ◆ 動作動詞→すぐにやめられることを表す動詞（talk, read, eat, …）
- ◆ 状態動詞→すぐには変わらないことを表す動詞（like, know, belong, …）

☞状態動詞は、原則、進行形にできませんが、進行形にした場合、状態の推移を表し、「〜しつつある」という意味になります。

Nowadays, the comedian **is becoming** popular.（状態の推移を示している。）
　その芸人は最近人気が出始めています。

☞Checkで確認したように、動作動詞には「瞬間動詞」と「継続動詞」があり、さらに、「瞬間動詞」には、「接近型」と「反復型」の2種類が存在します。

**Q3** 現在完了形の文はどのような意味を表すでしょうか？また、現在完了形と過去形の意味の違いは何でしょうか？

**A3** 現在完了形は、経験、完了（結果）、継続を表します。現在完了形と過去形の違いは、現在への言及があるかどうかが重要です。現在完了形は過去の出来事から現在の状態までのある一定期間に言及しているのに対して、過去形は過去の一時点のみを指し、現在とのつながりをもたないことになります。

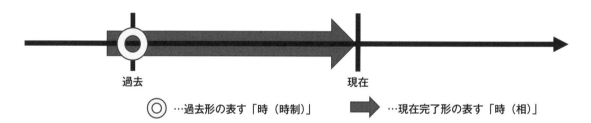

| | |
|---|---|
| 過去 | 現在 |

◎ …過去形の表す「時（時制）」　　→ …現在完了形の表す「時（相）」

I **have lost** my wallet. I'm in trouble.（完了（結果）を表している。）
　私は財布をなくしていて、困っています。（過去で財布をなくし、現在もないままである。）
I **lost** my wallet on my way home yesterday.
　昨日の帰り道、私は財布をなくしました。（現在も財布がないかどうかは不明である。）

I have visited Taiwan three times.（経験を表している。）
　私は3回台湾を訪れたことがある。

☞以下の図のとおり、状態の継続は現在完了形で表すのに対し、動作の継続「ずっと〜している」は現在完了進行形で表します。

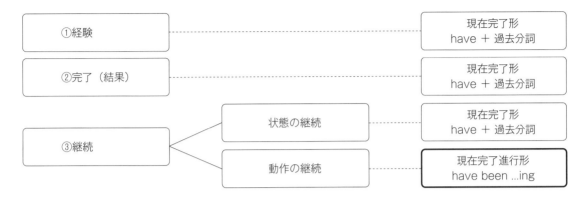

Satoshi **has lived** in Kariya City for six years. （状態の継続を表している。）
　サトシは6年間刈谷市に住んでいます。
Mika **has been working** in her office since this afternoon. （動作の継続を表している。）
　ミカはお昼から自分のオフィスでずっと仕事をしています。

**Q4** 過去完了形や過去完了進行形の文はどのような状況で用いられるのでしょうか？
**A4** 過去のある時点までの完了、経験、継続を表しており、また、過去のある時点よりも前（大過去）から生じていることを表しています。

The train **had** just **started** when we get to the station.
　私たちが駅に着いたときにその電車はちょうど発車してしまいました。
　⇒「駅に着いた時点」より前（大過去）から電車の発車が始まり、完了してしまっている。
Mr. Tomita noticed that he **had met** Ms. Yoshida before.
　トミタさんはヨシダさんに以前会ったことがあることに気づきました。
　⇒「気づいた時点」よりも前（大過去）に吉田さんと会っている。
Kaori **had been baking** many cakes when Mr. Maruyama called her.
　マルヤマさんがカオリに電話をかけたとき、彼女はたくさんケーキをつくっていました。
　⇒「電話をかけた時点」より前（大過去）からケーキをつくり始めていた。

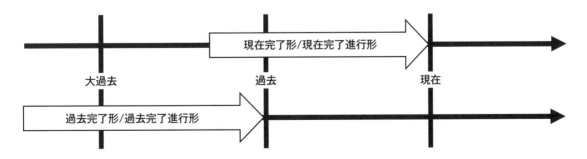

☞ここまでの考え方を応用して、未来完了形、未来完了進行形も未来のある時点に至るまでの完了、経験、継続と並行的に発想しましょう。

Ayaka **will have arrived** at the airport by 3:00 P.M.
　アヤカは午後3時までに空港に着くでしょう。
Hitomi **will have met** Seiji three times if she meets him again.
　もう1度ヒトミがセイジに会えば、会うのが3回目になるでしょう。

## *Exercises*

1. 次の日本語に合うように、各文の（　　）の中から正しい語句を選びなさい。

（1）The water **(boils, is boiling)** at 100 degrees.
　　水は100℃で沸騰します。
（2）Yuri **(sang, was singing)** a song in the hall then.
　　ユリはそのときホールで歌っていました。
（3）My opinion **(differed, was differing)** from others'.
　　私の意見は他人の意見と違っていました。
（4）Genki **(resembles, is resembling)** his father.
　　ゲンキは彼の父に似ています。
（5）Genki **(resembles, is resembling)** his father.
　　ゲンキは彼の父に似てきつつあります。
（6）My supervisor **(knows, is knowing)** my mother.
　　私の上司は私の母のことを知っています。
（7）The species **(becomes, is becoming)** extinct.
　　その種は絶滅しつつあります。
（8）Keitaro **(has, is having)** a beautiful voice.
　　ケイタロウは美声の持ち主です。
（9）My grandmother **(had, was having)** a lunch in the living room.
　　私の祖母はリビングでお昼を食べていました。
（10）These photos and documents **(offer, are offering)** a clue to the mystery.
　　これらの写真と文書がその謎を解く手がかりとなりつつあります。

**2. 次の各文の（　　）の中から正しい語句を選びなさい。**

（1）I **(got, have got)** to Hakata station at 8:00 P.M. yesterday.

_____

（2）Mr. Yoshida **(has wanted, wanted)** a new wallet since last year.

_____

(3) Takahiro **(called, has called)** on my office an hour ago.

_____

(4) Masayasu **(didn't see, hasn't seen)** Ryota for nine months.

_____

(5) Natsumi **(has lived, lived)** in Fukuoka when she was a child.

_____

(6) I **(have been to, have gone to)** Taiwan three times.

_____

(7) **(How long, When)** have you been married? — For about two years.

_____

(8) I **(didn't know, had not known)** Queen until I saw the movie.

_____

(9) Akane was twenty-one years old and **(had lived, lived)** in Kobe for three years.

_____

(10) Yuna went to Universal Studios Japan last week because she **(had wanted, wanted)** to go there for a long time.

_____

## 3. 次の各文の下線部を正しい形に訂正し、全文を日本語に訳しなさい。

(1) Mr. Doi **is working** at a primary school on weekdays.

_____

(2) I **am hoping** that you will get better soon.

_____

(3) I haven't remembered yesterday's thing, but I **begin** to do it.

_____

(4) Mayu **has felt** bad all day long yesterday.

_____

(5) Tatsuya **has begun** to do homework last night.

_____

(6) The staff **is operating** the machine for two hours.

_____

(7) Kaori **didn't eat** anything since last night.

_____

(8) The explorer **has been** to the country, and he is still missing.

_____

(9) I went to a jazz bar yesterday. I **have never visited** such a place until then.

_____

(10) He **was hospitalized** for three weeks when I visited him yesterday.

---

## 4. 次の英文を日本語に訳しなさい。

200 people filled out the survey online, and half of the participants had studied abroad. The other 100 were not with experience studying abroad.

**ヒント** 👉 第2文のwere not withはhadに置き換えて、訳しましょう。

## 5. 次の和文を英語に訳しなさい。

終点の東京駅（Tokyo terminal）に到着するまでに、京都、名古屋、新横浜、品川の各駅に停車します。

**ヒント** 👉 新幹線の車内アナウンスを思い出して、未来進行形が「近い未来の予定あるいは現時点での予定」を表すことができることに注意して、訳しましょう。

# UNIT 6 受動態

## Review Practice

前のUNITでは、時間の表し方の「相」と呼ばれる進行形と完了形について学びました。下線部に注意して、次の各文を日本語に訳しなさい。

(1) When I reached the station, the train **had already left**.

_____

(2) They **are always complaining** about something.

_____

(3) Who **has let** the cat in?

_____

(4) We **have been** business partners for almost twenty years.

_____

(5) I **will be staying** at The Ritz-Carlton Osaka tomorrow.

_____

## Introduction

このUNITでは、受動態を扱います。能動文が「行為者＋動詞＋動作の対象」という語順なのに対して、受動文では、「動作の対象＋動作＋行為者」という語順になり、行為者はby～で表されるか、省略されます。受動文は、行為者以外の要素を文頭において表現する場合や行為者を省略したい場合に用いられます。また、日本語では受動態で表現する場合でも、英語では受動態が用いられない場合もあります。そのような日本語と英語の対比についても見ていきましょう。

The building manager **locks** the main entrance of the building at 10 o'clock every night.（能動態）
　毎晩10時になると、管理人はビルの正面玄関を施錠します。
The main entrance of the building **is locked** at 10 o'clock every night.（受動態）
　毎晩10時になると、ビルの正面玄関が施錠されます。

次の文では、行為者が不明であるので、受動態が効果的に用いられています。

The bank **was robbed** last month. The police have not yet narrowed down the suspects.
　先月、その銀行は強盗に入られました。警察はまだ容疑者を絞りきれていません。

一般には、行為によって影響を受けたものに重点が置かれるときに受動態が用いられます。誰がその行為を行ったかというよりは、行為によって影響を受けたものや人に重点を置いて描写したい場合に受動態が用いられます。したがって、しばしば、誰がその行為を行ったかについては言及しない場合が多く見られます。

English **is spoken** in many parts of the world.
　英語は世界の多くの地域で話されています。

☞受動文の疑問は、助動詞と主語を入れ替えます。have/has toの場合は、Do/Does ～ have to be 過去分詞の形になります。

Can the book **be borrowed** for 10 days?
　本は10日間借りることができますか。
Does the assignment have to **be submitted** by May 10?
　課題は5月10日までに提出しなければならないのでしょうか。

## *Check*

受動態は、助動詞や完了形を伴ってつくることができます。

| 主語 | 助動詞など | 否定 | be動詞 | 過去分詞 | その他の要素 | 行為者 |
|---|---|---|---|---|---|---|
| The book | can | | be | borrowed | for 10 days. | |
| The book | may | not | be | taken | outside the library. | |
| The assignment | has to | | be | submitted | by May 10. | |
| I | was | | being | watched. | | by a strange man. |
| The room | has | | been | cleaned. | | by the hotel staff. |
| Hazardous items | may | not | be | taken | into the train. | |

☞上の表の助動詞のところには、助動詞のほかにも多くの動詞を用いることができます。その場合、動詞の後にto不定詞の受動態や動名詞の受動態（being＋過去分詞）が続きます。

He wanted **to be forgiven**.
　彼は赦してほしいと思っていました。
Most film stars hate **being interviewed**.
　ほとんどの映画スターはインタビューされるのが嫌いです。

# Grammar Points

**Q1** 受動態はどのようなときに使われますか。

**A1** 英語では「～が～する」という能動態で出来事や動作を表すのが一般的です。「～が～に～される」という受動態が用いられるのは、あえて、動作の受け手の視点から出来事を語りたいからです。Introductionのところで説明したように、誰がその動作をやったのかがわからない場合、動作の主体者をわざわざ明示する必要がない場合などに受動態が用いられます。そのほか、文章の話題の中心をそらさないようにし、視点の一貫性を保つために、受動態が用いられる場合もあります。

When the Valentine's Day practice began years ago, women had few chances to show their affection to men. <u>Chocolate</u> was accepted as a symbol for conveying their affection.

バレンタインデーの習慣が何10年も前に始まったときに、女性には男性への愛の気持ちを示す機会はあまりありませんでした。チョコレートは彼女らの愛の気持ちを伝える形として、受け入れられました。

上の例では、バレンタインデーのトピックで話が進んでいるので、2つ目の文の主語はwomenを受けるtheyではなく、話のトピックであるchocolateにするほうが、話題の中心をそらすことなく、主語を一貫させて、スムーズに話を展開することができます。

**Q2** beの受動態とgetの受動態の違いは何ですか。

**A2** be動詞の代わりに、getを用いた受動態が用いられることがあります。getを用いた受動態には、(a) 動作を表す、(b) 被害や利益を表す、(c) 主語の責任を表すという特徴があります。なお、getを用いた受動態は口語的な表現です。

(a) The window <u>was broken</u>.
　　窓が割れていました。／窓が割られました。（状態の意味と動作の意味がある。）
　　The window <u>got broken</u>.（動作の意味のみがある。）
　　窓が割られました。

(b) I <u>got bitten</u> by a mosquito yesterday.
　　昨日、蚊に刺されました。（被害の意味がある。）
　　John finally <u>got promoted</u>.
　　ジョンはついに昇進しました。（利益の意味がある。）

(c) I <u>got locked</u> out yesterday.
　　昨日、閉め出されました。（不注意で鍵を室内に置いたなど「私」にも多少の責任があるという意味がある。）

**Q3** 日本語では受動態のように表現しても、英語では受動態で表現しないケースがあります。また、逆の場合もありますが、日本語の観点から見た受動態について教えてください。

**A3** 英語では、目的語をとる動詞のみが受動態をもちます。日本語では、「私は雨に降られた」や「僕は財布を盗まれた」というような受動態が可能ですが、これらの例において、英語では、「〜は」にあたる要素が受動態の主語ではないので、意味を考えて、別の表現を使うことになります。「私は財布を盗まれた」を英語で表現するとすれば、「盗む」の目的語であるmy walletを主語にして、My wallet was stolen. とするか、使役動詞のhaveを使って、I had my wallet stolen. とすればよいでしょう。

逆に、日本語では能動態のようであっても、英語では受動態で表現する場合があります。

He **was injured** while playing basketball.
　彼はバスケットボールをしているときに、怪我をしました。
The train I was riding **was delayed** 30 minutes because of heavy rain.
　私が乗っていた電車は、大雨のため、30分遅れました。

**Q4** 目的語をとる動詞のみが受動態をつくることができるということですが、自動詞を使った受動態はないのですか。

**A4** 自動詞＋前置詞がひとまとまりになって、他動詞のような意味をもつ場合、受動態をつくることができます。前置詞の後の名詞が主語となります。動詞と前置詞が1つのまとまりとして、他動詞のような意味を形成していると考えればよいでしょう。(UNIT 3の複合動詞の説明の項目参照。)

Jim **was called upon** to participate in the project.
　ジムはそのプロジェクトに参加するように声がかかりました。
Cody **was laughed at** by all the people.
　コーディはみんなに笑われました。
The matter **was taken care of** immediately.
　その問題は直ちに処理されました。
Our dog **was run over** by a car, but it is alright.
　私たちの犬は車に轢かれましたが、今は大丈夫です。

**Q5** SVOの構文のO（目的語）が受動文の主語になることが通常ですが、SVOOやSVOCのO（目的語）でも受動態をつくることができるのですか。

**A5** 次の英文のように、さまざまな構文の目的語（O）を主語にすることで受動文をつくることができます。SVOO構文の場合、直接目的語と間接目的語のいずれも主語にすることによって、受動態をつくることができます。

**All the people** were told to leave the apartment.
　すべての住人はアパートから出ていくように言われました。

The award was given to the top student at the ceremony.

　その賞は式典でトップの学生に授与されました。

The top student was given the award at the ceremony.

　そのトップの学生は式典で賞を授与されました。

I was made sick by the pizza.

　私はそのピザを食べて吐きそうになりました。


☞使役動詞のうち、受動文をつくることができるのはmake（〜させる）だけで、受動態をつくった場合には、He was made to do the dishes.のように、原形不定詞ではなく、to不定詞が続きます。知覚動詞の場合も、受動文では、He was seen to be walking down the street.やHe was heard to sing alone.のように、to不定詞が用いられます。


☞動詞sayはHe is said to be the most talented musician in the orchestra. 「彼はそのオーケストラで最も才能ある音楽家だと言われている。」のように、受動文で用いることができます。


**Q6** 能動受動態という用語を聞いたことがありますが、どういうものですか。

**A6** 形は能動態であるけれども、受動態のような意味を表す文のことです。たとえば、The book sells well.は「この本はよく売れる」という意味です。この場合、主語にくる名詞がもつ属性を記述している文であることが多いです。そのほか、次のような例があります。これらの例では、通例、現在時制とともに用いられ、「様態」を表す副詞（句）を伴うことにも留意しましょう。


The veal **cuts easily**.

　仔牛の肉は簡単に切れます。

Red wine spots **don't wash out easily**.

　赤ワインのシミはなかなか洗い流されません。

This white wine **drinks like water**.

　この白ワインは水のように飲めます。

This book **reads like a thriller**.

　この本はまるでスリラー物のように読めます。


## *Exercises*

1. 次の各文の（　　）内に与えられた動詞を使って、受動態の文をつくりなさい。🎧7

(1) The oldest house in the U.S. ＿＿＿＿＿＿＿＿ in 1624. (build)

(2) John ＿＿＿＿＿＿ in a small village. (raise)

(3) The safety rules ＿＿＿＿＿＿, so an accident happened. (not follow)

(4) Because the printer ＿＿＿＿＿＿, I couldn't print the teaching materials. (damage)

(5) The problem can't ＿＿＿＿＿＿ using traditional methods. (solve)

(6) The ground started _____ with snow. (cover)

(7) The package can _____ online. (track)

(8) We expect Mark _____ as captain of our team. (choose)

(9) _____ that lightning never strikes twice in the same place. (say)

(10) Your application forms should _____ by March 15, 2024. (return)

## 2. 次の各文の下線部を主語にして、受動態の文をつくりなさい。

(1) They gave **us** the wrong tickets.
_____

(2) They will introduce **the new regulations** next spring.
_____

(3) My mother did not allow **me** to eat chocolate when I was a small child.
_____

(4) They have elected **Mr. Hinds** a Member of the House of Representatives.
_____

(5) We are working on **the report** right now.
_____

(6) Someone had broken **the window** by 3:00 p.m.
_____

(7) Has someone informed **you** about the new policy?
_____

(8) They should not have made **the mistake**.
_____

(9) A strange man was watching **me**.
_____

(10) The manager has told **him** to come earlier.
_____

## 3. 次の日本語に合うように、各文の下線部に適語を入れなさい。

(1) 彼はバスケットボールをしているときに怪我をしました。
He _____ while he was playing basketball.

(2) 私はライトノベルを読むことに興味があります。
_____ reading light novels.

(3) 私はイライラして彼にあたってしまいました。
I _____ and took it out on my boyfriend.

(4) 彼女の息子は第2次世界大戦で戦死しました。
Her son _____ World War II.

(5) 帰る途中に、私たちは夕立に降られました。

We _____ a shower on our way home.

(6) 外国語はすぐには学ぶことはできません。1歩ずつ学ばなくてはいけません。

A foreign language cannot _____ quickly; it _____ learned step by step.

(7) 日没で試合は中止になりました。

The game _____ on account of the darkness.

(8) 我々はどんなことが起きようと覚悟はできています。

We _____ anything to happen.

(9) あなたは若く見られますか、それとも老けて見られますか、皆さんはどう言っていますか。

Do people tell you that you _____?

(10) ウェイターにブラウスにスープをこぼされました。

The waiter _____ on my blouse.

4. 次の各文の与えられた語句を全部使って、受動文をつくりなさい。語形は変化させる必要がありますが、語句の順序は変えないこと。ただし、文頭に来るべき語句も小文字で示してあります。

(1) (BMW cars, make, Germany).

_____

(2) (spaghetti, should, cook, boiling water).

_____

(3) (spaghetti, make, flour).

_____

(4) (the report, will, have to, finish) by the end of next week.

_____

(5) (the children, teach, basic math, next year).

_____

(6) (I, expected, invite, to the party), but unfortunately, I wasn't.

_____

(7) (the children, have to, take care of) while their parents are away.

_____

(8) (let, it, not, discuss) in this happy moment.

_____

(9) (I, have, not, hand, a paper) by the manager.

_____

(10) (do, you, want, a picture, take, by a professional photographer)?

_____

**5. 次の日本語に合うように、各文の下線部に適語を入れなさい。**

(1) This car _____ and reassembled inside this room again.
その車は分解されて、再度、室内で組み立てられました。

(2) The old building _____ tomorrow morning.
その古いビルは明朝解体される予定です。

(3) The concert _____ due to bad weather.
コンサートは悪天候のため中止になりました。

(4) My house _____ yesterday.
昨日私の家に泥棒が入りました。

(5) The proposal _____ by the committee.
その提案は委員会によって却下されました。

(6) These brochures _____ to visitors in today's meeting.
これらのパンフレットは今日の会議で来る人に配られます。

(7) That's _____.
それは対応済みです。

(8) Our trip _____ for a while because I got sick.
私が病気になったので、旅行はしばらく延期せざるを得ませんでした。

(9) Her first work _____ by many publishers.
彼女の最初の作品は多くの出版社に断られました。

(10) The company _____ in 2022.
その会社は2022年に買収されました。

**6. 次の英文を日本語に訳しなさい。**

The best and most beautiful things in the world cannot be seen or even touched. They must be felt with the heart.

**ヒント** 助動詞と受動態の組み合わせに注意して、訳しましょう。

**7. 次の和文を英語に訳しなさい。**

若い頃、私はいつも言い訳をして（make excuses）はいけないと教えられました。今、大人になって、ときには言い訳をすることも許されると思うのです。

**ヒント** 「教えられた」のあとの不定詞とnotの位置にも注意しましょう。

# UNIT 7 準動詞（1）（不定詞）

## Review Practice

前のUNITでは、受動態について学びました。次の各文を日本語に訳しなさい。

(1) Because the printer was damaged, I couldn't print the teaching materials.

_____

(2) The main entrance of the building is locked at 10 o'clock every night.

_____

(3) Most film stars hate being interviewed.

_____

(4) Have you been informed about the new policy?

_____

(5) The matter was taken care of immediately.

_____

## Introduction

このUNITでは、数や人称や法には影響されない準動詞と呼ばれる表現形式の1つとして、不定詞を扱います。不定詞には、（a）toをつけて用いる「to不定詞」と（b）toをつけないで用いる「原形不定詞」があります。原形不定詞は、助動詞の後ともに、また、see, hear, feelなどの知覚動詞やmake, let, haveなどの使役動詞の目的格補語として、さらに、（c）helpや一部の慣用表現とともに用いられます。

(a) **To say such a thing** is childish.（to不定詞）
　　そんなことを言うのは子供じみているよ。
(b) I head the baby **start** crying suddenly.（原形不定詞：知覚動詞の目的格補語として）
　　私は赤ん坊が突然泣き始めるのを聞きました。
(c) You do nothing but **work** all the time.（慣用表現とともに）
　　君は四六時中仕事のことしか頭にないのだね。

また、to不定詞には、名詞的用法、形容詞的用法、副詞的用法、独立用法があります。

(1) 名詞的用法では、名詞が果たす働きと同様に、to不定詞が主語、目的語、補語として用いられます。
(a) **To acquire computer literacy** is not an easy job.（主語として）
　　コンピュータリテラシーを身につけることは容易なことではありません。

(b) To see him is **to love him**.（補語として）

　彼に会えば、すぐに好きになりますよ。（彼に会えば、一目惚れしますよ。）

(c) Haruma decided **to study abroad** soon after he entered university.（目的語として）

　ハルマは大学入学後すぐに海外留学することを決めました。

(2) 形容詞的用法では、名詞や代名詞を修飾する「限定用法」と動詞の補語として用いられる「叙述用法」があります。

(a) He is the last man **to do such a thing**.（限定用法：the last manを修飾）

　彼はそのようなことをする人ではありません。

(b) His statement turned out **to be a fake**.（叙述用法：turned outの補語として）

　彼の発言はフェイク（偽り）だとわかりました。

(3) 副詞的用法では、目的、原因・理由、判断の根拠、結果、程度、条件などを表します。

(a) I went to the airport **to see my friend off**.（目的）

　私は友人を見送るために空港まで行きました。

(b) I'm very glad **to see you** here again.（原因／結果）

　ここで再会できまして、私はとても嬉しく存じます。

(c) Aoha was **so** kind **as to** help me with my homework.（程度）

　アオハは親切にも私の宿題を手伝ってくれました。

(4) 独立用法では、不定詞の部分が本文からは切り離された表現として、慣用的に独立して用いられます。

(a) **To begin with**, you're not qualified for this post.

　まず第1に、君はこのポストに就く資格がありません。

(b) He is erudite; **so to speak**, a walking dictionary.

　彼は博学で、言わば、歩く辞書だ。

(c) **To be honest**, I don't like your way of talking.

　正直に言うと、君の話し方が好きではありません。

## *Check*

不定詞の用法をまとめると、以下の表のようになります。

| | 種類 | 働き（機能） |
|---|---|---|
| to 不定詞 | 名詞的用法 | ● 名詞と同じ働きをして、主語、目的語、補語として用いられる。 |
| | 形容詞的用法 | ● 名詞や代名詞を修飾する限定用法として用いられる。<br>● 動詞の補語となる叙述用法として用いられる。 |
| | 副詞的用法 | ● 動詞、形容詞、文全体を修飾して、さまざまな意味を表す。 |
| | 独立用法 | ● 文からは切り離されて、独立して用いられる。 |
| 原形不定詞 | | ● 助動詞や知覚動詞・使役動詞などとともに用いられる。 |

# Grammar Points

**Q1** 不定詞の意味上の主語はどのように表しますか。

**A1** 不定詞の意味上の主語は、(1) 主語が特定される人である場合、(2) 文の主語と一致する場合、(3) 文の目的語と一致する場合、(4) It is /was ～ to *do* の構文で、forあるいはofで表される場合があります。

(1) では、意味上の主語が一般の人や文脈から特定される人である場合で、文中には表されません。

It is impossible **to live** without air. (意味上の主語は「一般の人(々)」)
　空気がなくては生きていけません。

It is a great honor **to introduce you to us**. (意味上の主語は「私」と特定可能)
　(私にとって) あなたを私たちに紹介するのはとても光栄なことです。

(2) では、意味上の主語が文の主語と一致する場合で、文中には表されません。

I want **to know the answer** soon. (意味上の主語は「私」)
　私はすぐにその解答を知りたいです。

She wishes **to be loved** by everyone in class. (意味上の主語は「彼女」)
　彼女はクラスの誰からも愛されたがっています。

(3) では、意味上の主語が文の目的語と一致する場合で、文中で表されます。

I want *you* **to go** to Sapporo instead of me. (意味上の主語は「あなた」)
　私は代わりにあなたに札幌に行ってもらいたいです。

Strong determination enabled *him* **to complete the project**. (意味上の主語は「彼」)
　強固な意志があったので、彼はそのプロジェクトを完遂させることができました。

(4) では、It is/was ～ to *do*の構文で、意味上の主語がforあるいはofで表されます。

It is natural *for her* **to love him**. (意味上の主語がforで導かれる)
　彼女が彼を愛するのは当然です。(×She is natural to love him. は非文となります。)

It was wise *of him* **to keep silent** in the meeting. (意味上の主語がofで導かれる)
　彼が会議で口をつぐんでいたのは賢明でした。(He was wise to keep silent in the meeting. は正文となります。)

☞人を主語にできない形容詞の場合は、意味上の主語はforで導かれます。一方、人を主語にできる形容詞の場合は、意味上の主語はofで導かれます。

**Q2** 不定詞が表す「時」にはどのような形式がありますか。

**A2** 述語動詞が示すのと同じ「時」、または、それよりも後の「時」を表す場合は、「単純不定詞」が用いられます。一方で、述語動詞の示す「時」よりも前の「時」や実現しなかった行為などを表す場合は、「完了不定詞」が用いられます。

（1）単純不定詞が用いられる場合：

He **seems to be** happy.（＝It **seems** that he **is** happy.）（述語動詞の示す「時」と同じ「時」を表す。）

　彼は幸福なように見えます。

He **seemed to be** happy.（＝It **seemed** that he **was** happy.）（述語動詞の示す「時」と同じ「時」を表す。）

　彼は幸福なように見えました。

（2）完了不定詞が用いられる場合：

He **seems to have been** happy.（＝It **seems** that he **has been/was** happy.）（述語動詞の示す「時」よりも前の「時」を表す。）

　彼は幸福だったように見えます。

He **seemed to have been** happy.（＝It **seemed** that he **had been** happy.）（述語動詞の示す「時」よりも前の「時」を表す。）

　彼は幸福だったように見えました。

I **expected to have come** much earlier.（実現しなかった行為を表す。）

　もっと早く来るつもりだったのですが。（実際は来られませんでした。）


**Q3** 不定詞を否定するにはどうすればいいのでしょうか。

**A3** to不定詞を否定する場合には、to不定詞の直前に否定詞をつけてください。


I advise you **not to drive a car** because you are too old.

　君はずいぶん老齢になったのだから、私は君に車を運転しないように忠告しておくよ。

I promised Mother **never to tell a lie again**.

　私は母に2度とうそはつかないと約束をしました。


**Q4** 本文中で説明のあったTo see him is to love him. のように、名詞的用法で「S＝C」の関係となる補語として用いられることは理解しましたが、ほかに、「be ＋ to不定詞」の形式で特別な意味を表すことができると聞いたことがあります。具体的にはどういう表現でしょうか。

**A4** ここでは、不定詞がbeの補語となっていますが、「S＝C」の関係は認められません。ここでは、（1）予定、（2）義務・命令、（3）可能、（4）運命、（5）（if節とともに用いられて）目的・意図を表します。


（1）I **am to** see him tomorrow evening.（予定）

　　私は明晩に彼に会うことになっています。

（2）You **are to** blame for the case.（義務）

　　その件に関しては、君が責められるべきです。（その件に関しては、君が悪いのです。）

（3）Not a sound **was to** be heard around there.（可能）

　　そのあたりでは物音1つ聞こえませんでした。

(4) What **is to** become of the world economy from now on?（運命）

　今後、世界経済はどうなるのでしょうか。

(5) You should study much harder *if you* **are to** succeed.（目的）

　成功するためには、もっと一所懸命に勉強すべきです。

**Q5** 以前に「代不定詞」ということばを聞いたことがあるのですが、具体的には、どのような表現ですか。

**A5** 英語では、反復的表現を避ける傾向があり、動詞の反復を避けるために、to不定詞のtoの部分だけを用いることがあります。want, wish, like, try, meanなどの不定詞を目的語とする動詞やhave to, be able to, be going toなどと多く用いられます。

You may come with me if you want **to**.（後に"come with me"が省略されている。）

　そうしたいなら、一緒に来てもいいですよ。

Would you go shopping at the supermarket with me?—Yes, I'd love **to**.（後に"go shopping there with you"が省略されている。）

　私と一緒にスーパーマーケットに買い物に行きませんか？—ええ、喜んで。

**Q6** 原形不定詞の用法として、慣用表現とともに用いられるものがあることはわかりましたが、ほかにどのようなものがありますか。

**A6** 本文中の説明で紹介したnothing but以外に、以下のような表現がよく用いられます。

You *had better* consult your home doctor at once.

　すぐにかかりつけのお医者さんに診てもらいなさい。

I *would rather* not **see** you at such a late hour of the night.

　こんな夜の遅い時間にあなたとは会いたくありません。

I *would sooner* **walk** than take a taxi to go there.

　そこに行くのに、タクシーに乗るくらいなら歩いたほうがましです。

There was *nothing for it* but **agree** their terms.

　彼らの条件に同意するよりほか仕方がありませんでした。

Cf. We had *no choice* but **to accept** your proposal.

　私たちはあなたの提案を受け入れざるを得ませんでした。

## *Exercises*

1. 次の各文の下線部の不定詞の用法を指摘して、全文を日本語に訳しなさい。

(1) It is not easy **to make friends** with him. [　　　　]

(2) All you can do is never **to be late** for the appointment. [          ]

_____

(3) I would like something **to write with**. [          ]

_____

(4) I'm very glad **to get in touch with you** through email. [          ]

_____

(5) We must repeat further experiments if we **are to** test the validity of the result. [          ]

_____

(6) She has a secret desire **to become a comedian** in the future. [          ]

_____

(7) His daughter has grown up **to be a beautiful a lady**. [          ]

_____

(8) Please tell me **what flower to buy** on Mother's Day. [          ]

_____

(9) **Needless to say**, health is above wealth. [          ]

_____

(10) There appeared **to have been** a murder in the next town. [          ]

_____

**2. 次の日本語に合うように、(　) の中の語を正しい語順に並び替えなさい。ただし、文頭に来るべき語も小文字で示してあります。**

(1) He must be (**me, to, talk, a, to, fool**) like that.
   彼は私にあんなふうな口の利き方をするなんて愚か者に違いありません。

_____

(2) His only fault (**talk, much, to, too, is**).
   彼のただ1つの欠点は、おしゃべりが過ぎるということです。

_____

(3) I don't dance much now, (**a, used, I, lot, to, but**).
   私は今はあまり踊りませんが、昔はずいぶん踊ったものです。

_____

(4) It was wise (**card, you, to, of, not, receive, an, invitation**) from him.
   彼からの招待状を受けとらなくて、あなたは賢明でした。

_____

(5) This river is fast (**in, and, to, dangerous, swim**).
   この川は流れが速く、泳ぐのは危険です。

_____

(6) I (on, to, have, him, expected, called) last Monday.

私はこの前の月曜日に彼のところに行こうと思っていましたが、行けませんでした。

_____

(7) I sat on the bench (pass, students, by, young, watching).

私は若い学生たちが通るのを眺めながらベンチに座っていました。

_____

(8) I woke up (bench, to, lying, a, myself, find, on) in the station.

目が覚めたら、私は駅のベンチに横になっていました。

_____

(9) You (up, courage, to, have, the, speak) what you think right.

君には正しいと思うことを率直に述べる勇気があります。

_____

(10) (to, be, are, rules, observed) once established.

規則はいったん制定されたら、遵守されなければなりません。

_____

## 3. 次の日本語に合うように、各文の（　　）中にforかofを入れなさい。

(1) It is necessary (　　) her to go to the City Hall at once.

彼女はすぐに市役所に行く必要があります。

(2) It was foolish (　　) me to believe what he said.

私は彼が言ったことを信じて馬鹿でした。

(3) This book is too difficult (　　) me to understand to read through.

この本は私が一読して理解するには難しすぎます。

(4) It is very kind (　　) you to give me useful advice.

有益な助言を与えてくださり、ご親切さまです。

(5) It was considerate (　　) you not to play the piano while I was taking a nap.

私が昼寝中にあなたがピアノを弾かないでいてくれて、思いやりがありましたね。

(6) There are many good books (　　) you to read when young.

若いときにあなたが読まないといけない良書がたくさんあります。

(7) (　　) students to study hard, teachers have to study themselves all the harder.

生徒が一所懸命勉強するようになるには、教師自身がさらに一層一所懸命に学ばねばなりません。

(8) How careless (　　) you to repeat the same mistakes!

同じ間違いを繰り返すなんて、君はなんて不注意なんでしょう。

(9) He spoke too fast (　　) us to follow him.

彼は早口だったので、私たちはよくわかりませんでした。

(10) They arranged (　　) me to join the party.

彼らは私がパーティーに参加できるように取りはからってくれました。

**4. 次の日本語に合うように、不定詞を含む表現を用いて、(　　　) の中に適語を入れなさい。**

(1) If you (　　　　) (　　　　) (　　　　　) there before noon, start as soon as possible.
正午前に着くためには、できるだけすぐに出発しなさい。

(2) She hurried to the station (　　　　) (　　　　) (　　　　) the last train.
彼女は最終電車に遅れないように駅に急ぎました。

(3) This is a hard problem (　　　　) (　　　　) (　　　　).
これは扱いにくい問題です。

(4) The question is (　　　　) (　　　　) (　　　　) the plan into practice.
問題はいかにその計画を実行に移すかということです。

(5) We tried again and again, (　　　　) (　　　　) (　　　　).
私たちは何度も試みたが、うまくいきませんでした。

(6) I've decided (　　　　) (　　　　) (　　　　) smoking.
私は喫煙を断念することを決心しました。

(7) I'm (　　　　) (　　　　) (　　　　) try bungee jumping.
私は年をとりすぎていて、バンジージャンプができません。

(8) I'm (　　　　) (　　　　) (　　　　) to hear of his success.
私は彼の成功を聞いて、とても嬉しく思っております。

(9) It is practically impossible (　　　　) (　　　　) (　　　　) get here in time.
彼が時間通りにそこに到着するのはほとんど不可能です

(10) We (　　　　) (　　　　) (　　　　) forget things when we are busy.
私たちは忙しいと物事を忘れがちです。

**5. 次の英文を日本語に訳しなさい。**

The chief purpose of a picture is not to instruct, but to pleasure the eye by its beauty. Therefore, we should learn to look at a picture without at first trying to find out what it means.

**ヒント** 本文中のそれぞれの不定詞の用法に注意して、訳しましょう。

**6. 次の和文を英語に訳しなさい。**

ドイツ語やフランス語を学び始めると、英語との多くの類似点（resemblance）に必ず気づくようになります。

**ヒント** 「学び始める」と「必ず〜する (never fail to do)」では、不定詞を用いることができます。

# UNIT 8　準動詞（2）（動名詞）

## Review Practice

前のUNITでは、不定詞について学びました。下線部に注意して、次の各文を日本語に訳しなさい。

(1) Haruma decided **to study abroad** soon after he entered university.

_____

(2) He is the last man **to do such a thing**.

_____

(3) I went to the airport **to see my friend off**.

_____

(4) Strong determination enabled him **to complete the project**.

_____

(5) What **is to** become of the world economy from now on?

_____

## Introduction

このUNITでは、準動詞の1つである動名詞を扱います。動名詞は、とてもユニークな性質をもっています。主語、目的語、補語となることができるという点では、名詞と同じ働きをもち、また、目的語や補語を伴ったり、副詞に修飾されたりするという点で、動詞としての働きももっています。以下の例を見てみましょう。

(a) **Seeing** is believing.（主語として）
　　見ることは信じることです。（百聞は一見にしかず。）
(b) He tends to be slow in **talking**.（（前置詞）の目的語として）
　　彼は話すのが遅い傾向があります。
(c) My hobby is **eating while walking**.（補語として）
　　私の趣味は食べ歩きです。
(d) I've just finished **reading the assignment for the class**.（目的語を導く）
　　私は授業の課題をちょうど読み終えたところです。
(e) He was used to **working far late into the night**.（副詞（句）を導く）
　　彼は深夜まで働くのに慣れていました。

上記の（a）～（c）は、主語、目的語、補語として用いられていて、名詞的な性質を示しています。また、（d）と（e）は、目的語や副詞（句）を導いていて、動詞的な性質を示しています。

# *Check*

動名詞のもつ2つの性質を整理すると、以下の表のように、まとめることができます。

| 名詞的な性質 | 動詞的な性質 |
|---|---|
| ● 主語、目的語、補語になる。（前置詞の目的語になる。）<br>● 形容詞（冠詞、所有格、代名形容詞）で修飾されることがある。意味上の主語として、所有格または目的格がつくことがある。 | ● 目的語や補語を導くことができる。<br>● 副詞（句）を導くことができる。<br>● 完了形を伴うことができる。 |

☞動名詞の動詞的な性質は、to不定詞や分詞にも共通して見られる特徴です。

# *Grammar Points*

**Q1** 動名詞の意味上の主語はどのようにして表されるのですか。

**A1** 動名詞の意味上の主語は、通例、所有格または目的格で表されます。文の主語や目的語と一致する場合や一般の人々を表す場合は示されません。なお、無生物の名詞や複数の名詞の場合は、通例、主格と目的格と同じ形式となる通格が用いられます。

Mother hates **our/us leaving food**.
　母は私たちが食事を残すのを嫌がります。
The coach objected to **Jennifer/Jennifer's joining our team**.
　コーチはジェニファーがチームに加わるのに反対しました。
I regret **drinking too much**.（意味上の主語は文の主語と一致しているので、表されていない。）
　私はお酒を呑み過ぎることを後悔しています。
I object to **drinking too much**.（意味上の主語は一般の人々なので、表されていない。）
　私はお酒を飲み過ぎることには反対です。
She dislikes **the room being too untidy**.
　彼女は部屋が散らかりすぎるのを嫌います。

**Q2** 動名詞が動詞的な性質をもっていることは理解できましたが、その場合、動名詞と完了形や受動形が一緒に用いられるということになるのでしょうか。

**A2** その通りです。不定詞のUNITでの「完了不定詞」の説明と同じように、述語動詞の示す「時」よりも前の「時」を表す場合は、「完了動名詞」が用いられます。

He **denies having done such a thing**.（＝He denies that he has done/did such a thing.）
　彼はそのようなことをしてしまったことを否定しています。
He **denied having done such a thing**.（＝He denied that he had done such a thing.）
　彼はそのようなことをしてしまったことを否定しました。

なお、前後の時間関係があきらかな場合は、単純形を用いることもできます。

I remember **seeing/having seen you** near here.
　私はこのあたりであなたにお目にかかったことを覚えています。

また、受動形を用いた動名詞には以下のようなものがありますが、動名詞の表している意味関係に留意しましょう。以下の例では、「私」は「（祖父に）連れて行かれる」という意味関係になるので、受動関係が成立しています。

I remember **being/having been taken** to a nearby aquarium by my grandfather as a small child.
　私は子供のころ祖父に近所の水族館に連れて行ってもらったことを覚えています。

**Q3** 動名詞と現在分詞はどちらも～ ing形となりますが、どのようにして見分ければいいでしょうか。

**A3** 形式上は同じになりますが、名詞の前に置かれて、形容詞的な働きをしているものについて、「～するための」というような目的や用途を表している場合は動名詞であり、「～している」というような進行を表している場合は現在分詞になります。

以下の例では、(a) のsleepingは「睡眠」という意味の動名詞で、この部分が強く発音されます。一方で (b) のsleepingは「眠っている」という意味の現在分詞で、後の名詞がより強く発音されます。

(a) a *sléeping* car（動名詞：「睡眠するための車、寝台車」）
(b) a *sleeping* báby（現在分詞：「眠っている赤ん坊」）

さらに、ほかには以下のような例もあります。

(a) a *wálking* stick（動名詞：「歩くための杖」）
(b) a *walking* díctionary（現在分詞：「歩いている辞書、生き字引」）

(a) a *dáncing* girl（動名詞：「踊ることを生業にした女の子、踊り子」）
(b) a *dancing* gírl（現在分詞：「踊っている少女」）

**Q4** 動名詞と不定詞の使い分けがよくわかりません。動詞によってどのように見分けるといいのでしょうか。

**A4** 動詞によって、(a) 動名詞を伴うもの、(b) 不定詞を伴うもの、(c) 動名詞も不定詞も伴うもので、ほぼ同じ意味を表すもの、(d) 動名詞も不定詞も伴うもので、異なった意味を表すものがあります。

(a) 動名詞のみを伴うものとして、finish, enjoy, mind, avoid, deny, postpone, admit, prevent, missなどがあります。

She's just **finished doing** her homework.
　　彼女はちょうど宿題をやり終えたところです。

Try to **avoid crossing** this street at night.
　　夜間にこの通りを横断するのは避けるようにしなさい。

(b) 不定詞のみを伴うものとして、want, wish, hope, expect, decide, agree, refuse, manage, fail, learn, meanなどがあります。

He **decided to refrain** from drinking.
　　彼はお酒を控えることを決心しました。

I **managed to solve** the difficult problem.
　　私は何とかしてその難しい問題を解くことができました。

(c) 動名詞も不定詞も伴うもので、ほぼ同じ意味を表すものとして、begin, start, continueなどがあります。

The teacher **began talking/to talk** to the students eagerly.
　　先生は熱心に生徒たちに話し始めました。

He **continued having/to have** his own way all his life.
　　彼は生涯わがままを押し通しました。

なお、love, like, hate, preferなども動名詞も不定詞も伴いますが、動名詞は一般的あるいは習慣的なことを、不定詞は特定のことを述べるのに使われます。

I **hate telling** lies.
　　私は嘘をつくのが嫌いです。（一般論として）

I **hate to go** to the dentist's now.
　　私は今は歯医者さんには行きたくありません。（個人的な理由として）

(d) 動名詞も目的語も伴うもので、異なった意味を表すものとして、stop *doing*（〜するのをやめる）/ stop to *do*（〜するために立ち止まる）；remember/forget *doing*（（過去において）〜したことを覚えている／忘れる）/ remember/forget to *do*（（これから）〜することを覚えている／忘れる）；regret *doing*（（過去において）〜したことを後悔する）/ regret to *do*（残念ながら〜しなければならない）；try *doing*（（試しに）〜してみる）/ try to *do*（〜しようと努める）などがあります。

I **remember seeing** him.
　　（以前に）彼と会ったことは覚えています。

I must **remember to see** him.

（これから）彼と会うことを覚えておかなければなりません。（忘れずに彼に会わなければなりません。）

なお、want, need, requireの後に来る動名詞は受動の意味を表すことに注意してください。

This house **need repairing** soon. (=This house need to be repaired.)
　この家はすぐに修理が必要です。（修理される必要があります。）

☞動名詞と不定詞の使い分けに関しては、動詞1つひとつを丸暗記する（実際に、何度も英語を書いたり、話したりしていると自然に身についていくものですが）のもたいへんです。もっと簡単に、それぞれの動詞のもつ意味合いとして、例えば、rememberであれば、まず、「覚えている」という意味を押さえておきます。そして、その後に動名詞が続くのであれば、「事実指向的」な特徴をもっていて、「過去に起こったことで、すでに確定している事柄」を意味することになり、不定詞が続くのであれば、「未来指向的な」特徴をもっていて、「これから先に起こることで、未確定な事柄」を意味するという区別で確認すると、すっきり整理ができると思います。

**Q5** 動名詞を用いた慣用表現にはどのようなものがありますか。
**A5** 以下のような表現がよく用いられますので、覚えておきましょう。

**There is no** account**ing** for tastes. (=It is impossible to account for tastes.)
　さまざまな趣味を説明することはできません。（蓼喰う虫も好き好き。）
**It is no use/good** your try**ing** to deny the fact. (=It is useless for you to try to deny the fact.)
　君がその事実を否定しようとしても無駄です。
You looked so funny that I **couldn't help** laugh**ing**. (=You looked so funny that I couldn't but laugh.)
　君はとても奇妙な格好をしていたので、私は笑わざるを得ませんでした。
We **are used to** eat**ing** fish raw. (=We are accustomed to eating fish raw.)
　私たちは魚を生で食べることに慣れています。
**On** hear**ing** the news, he turned pale. (=As soon as he heard the news, he turned pale.)
　その知らせを聞いたとたん、彼は真っ青になりました。
I don't **feel like** go**ing** out tonight. (=I don't feel inclined to go out tonight.)
　今晩は外出する気分にはなれません。
This book is **worth** read**ing** twice. (=It is worth while reading/to read this book twice.)
　この本は2度読む価値があります。
They **never** meet **without** quarrel**ing**. (=Whenever they meet, they quarrel./They never meet but they quarrel.)
　彼らは会えば必ず喧嘩をします。

## *Exercises*

1. 次の各文の（　　）の中の語を適当な形に直して、全文を日本語に訳しなさい。　🎧 **9**

（1）The next step is to carry out in **(practice)** what you have learned. [　　　]

_____

（2）I've never felt more like **(cry)** in all my life. [　　　]

_____

（3）I prefer **(watch)** baseball games to playing them. [　　　]

_____

（4）She suddenly began **(run)** in the street. [　　　]

_____

（5）Please try to avoid your colleagues **(hear)** about this matter. [　　　]

_____

（6）It is no use **(cry)** over spilt milk. [　　　]

_____

（7）I don't remember **(post)** the letter the day before yesterday. [　　　]

_____

（8）I cannot stand **(hear)** such sentimental music. [　　　]

_____

（9）I don't need **(keep)** awake so late tonight, do I? [　　　]

_____

（10）I'm looking forward to **(see)** you again soon. [　　　]

_____


2. 次の日本語に合うように、（　　）の中の語を正しい語順に並び替えなさい。ただし、文頭に来るべき語も小文字で示してあります。

（1）Would you **(to, speaking, and, him, mind)** asking him to help me?
　　彼に声をかけて、手伝ってくれるように頼んでもらえませんか。

_____

（2）You have **(carrying, idea, out, worth, a, good)**.
　　君は実行する価値のあるいいプランをもっているね。

_____

（3）There is little chance **(back, money, coming, the, of)**.
　　お金が戻ってくる見込みはほとんどありません。

_____

(4) (need, clearing, toilet, doesn't, this) by our hands.
この便器は私たちの手で洗う必要がないものです。

___

(5) She deeply regrets (her, go, daughter, having, to, allowed) there alone.
彼女は娘を1人でそこに行かせたことを大いに悔やんでいます。

___

(6) I tell you (no, being, is, your, it, good) angry with me.
言っておきますが、あなたが私に腹を立てても無駄ですよ。

___

(7) He (in, difficulty, had, finding, some) his suitable job.
彼はふさわしい職を見つけるのに少し苦労しました。

___

(8) Business (meeting, from, the, attending, me, prevented).
用事があって、私はその会合に出席できませんでした。

___

(9) (being, intelligent, to, addition, in), she is well-mannered.
彼女は聡明であるだけでなく、行儀作法も行き届いています。

___

(10) (say, you, to, going, what, do) on a picnic next Sunday?
今度の日曜日にピクニックに行きませんか。

___

3. 次の各文の2つの文がほぼ同じ意味になるように、（　　　）の中に適語を入れなさい。

(1) a. The president boasts that there is a good swimming-pool in the school.
　　b. The president boasts of (　　　) (　　　) a good swimming-pool in the school.
(2) a. He insisted that we should start right away.
　　b. He insisted (　　　) (　　　) (　　　) right away.
(3) a. He is proud that his father was educated in Cambridge.
　　b. He is proud (　　　) (　　　) (　　　) (　　　) (　　　) educated in Cambridge.
(4) a. There is every reason why you should be fired from the job.
　　b. There is every reason (　　　) (　　　) (　　　) fired from the job.
(5) a. I'm sure that you will pass the examination.
　　b. I'm sure (　　　) (　　　) (　　　) the examination.
(6) a. He complained that the room was too dirty.
　　b. He complained (　　　) (　　　) (　　　) (　　　) too dirty.
(7) a. I am nervous because I have never spoken in public before.
　　b. I am nervous (　　　) (　　　) (　　　) never spoken in public.

(8) a. It is impossible to tell what may happen in the future.

b. There (　　　) (　　　) (　　　) what may happen in the future.

(9) a. I had to accept the proposal which our parents offered in my career path.

b. I couldn't (　　　) (　　　) the proposal which our parents offered in my career path.

(10) a. A soon as he graduated from university, he went into business.

b. (　　　) (　　　) from university, he went into business.


**4. 次の日本語に合うように、各文の（　）の中から正しい語句を選びなさい。**

(1) I've really enjoyed **(to talk, talking)** with you.

私はあなたとお話ができて本当に楽しかったです。

(2) He is always busy **(to do, doing)** everything around him.

彼は身の回りのことを片付けるのにいつも忙しくしています。

(3) I tried **(to avoid, avoiding)** **(to meet, meeting)** him.

私は彼に会うのを避けようと努めました。

(4) I must remember **(to post, posting)** this letter tomorrow.

私は明日この手紙を忘れずに投函しなければなりません。

(5) I managed to stop **(to waste, wasting)** money, but I failed.

私は何とかして浪費を辞めようとしましたが、無駄でした。

(6) He insisted on **(to pay, paying)** the payment.

彼は自分が支払いをすると言って、聞きませんでした。

(7) As I was in hurry, I didn't stop **(to talk, talking)** to him.

私は急いでいたので、立ち止まって彼に話しかけることができませんでした。

(8) I hate **(to say, saying)** it, but I don't like your mother.

こんなことは言いたくはないのですが、私はあなたのお母さんのことはあまり好きではありません。

(9) I should like **(to dine, dining)** with you tonight.

私は今晩一緒に食事をしたいのですが。

(10) As it was dark tonight, I was afraid **(to go, of going)** out alone.

今晩は辺りも暗く、私は怖くて1人で外出できなかった。


**5. 次の日本語に合うように、動名詞あるいは不定詞を含む表現を用いて、（　）の中に適語を入れなさい。**

(1) I think that your proposal fully (　　　) (　　　).

君の提案は再考に十分に値すると思います。

(2) Would you mind (　　　) (　　　) the chocolate box?

私がチョコレートの箱を開けてもかまいませんか。

(3) I'm ashamed (　　　) (　　　) (　　　) such a foolish thing.

　　私はそのような馬鹿げたことをしたのが恥ずかしいです。

(4) This is a special sale jacket (　　　) (　　　) (　　　) choosing.

　　これは自分で選んだ特売のジャケットです。

(5) We tried again and again, (　　　) (　　　) (　　　).

　　私たちは何度も試みましたが、うまくいきませんでした。

(6) I've decided (　　　) (　　　) (　　　) refraining from smoking.

　　私は禁煙するのを断念することを決めました。

(7) I'm (　　　) (　　　) (　　　) try riding on e-scooters.

　　私は年をとりすぎていて、電動キックボードに乗ることができません。

(8) I'm (　　　) (　　　) (　　　) to hear of her safe arrival.

　　私は彼女の無事の到着を聞いて、とても嬉しく思っております。

(9) It is practically impossible (　　　) (　　　) (　　　) carry out the project by himself.

　　彼が独力でそのプロジェクトを遂行するのはほとんど不可能です

(10) We are looking (　　　) (　　　) (　　　) you soon.

　　私たちはすぐにお目にかかれることを楽しみにしています。

## 6. 次の英文を日本語に訳しなさい。

We have heard men of great experience say that they have often regretted having spoken, but never once regretted holding their tongue.

**ヒント**☞ regretの後に続く時制に注意して、訳しましょう。hold one's tongue「黙っている、口をつぐむ」

## 7. 次の和文を英語に訳しなさい。

彼と会ったことは確かに覚えてはいるのですが、恥ずかしながら、いつ、どこでお目にかかったのかを思い出すことができません。

**ヒント**☞ 「思い出す」と「覚えている」は、どちらもrememberを用いて表してみましょう。

# UNIT 9 準動詞 (3)(分詞)

## Review Practice

前のUNITでは、動名詞について学びました。下線部に注意して、次の各文を日本語に訳しなさい。

(1) He was used to **working far late into the night**.

_____

(2) The coach objected to **Jennifer/Jennifer's joining our team**.

_____

(3) I remember **being/having been taken** to a nearby aquarium by my grandfather as a small child.

_____

(4) **There is no** accounti**ng** for tastes.

_____

(5) This book is **worth** read**ing** twice.

_____

## Introduction

このUNITでは、準動詞の1つである分詞を扱います。分詞は、動詞と形容詞や副詞の性質を兼ね備えていて、いろいろな働きをします。分詞には、現在分詞と過去分詞があります。形容詞的に用いられる場合には、名詞を修飾する限定用法と補語として用いられる叙述用法があります。また、他の品詞に転用されることもあります。さらに、副詞的に用いられる場合には、分詞構文と呼ばれる用法があります。ここでは、主な用法として、形容詞的に用いられる限定用法と叙述用法を見てみましょう。

【限定用法】
(a) a **running** dog
　　走っている犬
(b) a dog **running** in the park
　　公園を走っている犬

分詞が単独で名詞を修飾する場合は、原則として、名詞の前に置かれ、分詞がそれ以外の要素を伴う場合は、名詞の後に置かれます。

【叙述用法】

(a) The grandmother sat on the sofa **surrounded** by her grandchildren.（主格補語）

  祖母が孫たち囲まれてソファに座っていました。

(b) I'm sorry to have kept you **waiting** for a long time.（目的格補語）

  長い時間をお待たせして、私は申し訳なく存じます。

分詞が叙述用法の場合は、主格補語あるいは目的格補語として用いられます。

## *Check*

分詞の種類と働きを整理すると、以下の表にように、まとめることができます。

| 分詞 | 種類 | 働き（機能） |
|---|---|---|
| 現在分詞・過去分詞 | 形容詞的用法 | ● 形容詞と同じ働きをして、名詞や代名詞を修飾する限定用法と主語や目的語の補語となる叙述用法がある。 |
| 現在分詞 | 副詞的用法 | ● 分詞構文として、現在分詞（beingが省略されて、文頭が過去分詞から始まる場合もある）を用いて、接続詞と動詞の働きを兼ねて、副詞句を作る。 |

## *Grammar Points*

**Q1** 分詞には、形容詞と同じような働きの1つとして、限定的用法があることはわかりましたが、もう少し整理してもらえないでしょうか。

**A1** ここでも、分詞として用いられている動詞の種類、つまり、自動詞か他動詞かによって、その表す意味が異なってきます。

(a) 自動詞の現在分詞：「～している」という意味を表します。

A **rolling** stone gathers no moss.

  転がっている石は苔を集めません。（転石苔むさず。）

(b) 他動詞の現在分詞：「～させる」の意味を表します。

That was a **surprising** announcement.

  それは（人を驚かせるような）驚くべき発表でした。

(c) 自動詞の過去分詞：「～した」という完了の意味を表します。

We gave all the **retired** teachers bouquets as a sign of our gratitude.

  私たちは感謝の印として退職した先生方に花束を贈りました。

(d) 他動詞の過去分詞：「～された」という受け身の意味を表します。

The policeman pointed to the **broken** window.

  警官はその割れた窓を指さしました。

**Q2**　分詞には、限定用法の他に、叙述用法があることは理解しましたが、何か注意しておくべきことはあるでしょうか。

**A2**　単純な叙述用法ではないのですが、特殊な用例として、go doing（～しに行く）やbe busy doing（～するのに忙しい）という表現について、とり上げてみましょう。以下の例文で、前者の場合は、元来、go on shoppingに由来するもので、動名詞と見なされていましたが、前置詞のonが脱落した結果、現在分詞の副詞的な用法と考えられています。また、後者の場合も、元来、be busy in preparing for his lessonsに由来するもので、preparingは前置詞の目的語となっていますので、動名詞と見なされています。ただ、現在では、inを用いないのが普通になってきて、その場合は、現在分詞の副詞的用法と見なされることになります。

We **went shopping** at the supermarket yesterday.
　私たちは昨日スーパーマーケットに買い物に出かけました。
She is very **busy preparing** for his lessons.
　彼女は予習にとても忙しくしています。

**Q3**　分詞がさまざまな働きをすることを聞いたことがあるのですが、具体的にどのような用例があるのでしょうか。

**A3**　それほど数は多くはないのですが、分詞を含んだ表現が名詞や副詞として用いられることがあります。名詞的用法では、形容詞の場合と同様に、「the ＋ 分詞」で、複数の普通名詞を表したり、単数の普通名詞を表したりします。また、副詞的用法では、後に続く形容詞を修飾する副詞の働きをしています。

The hospital was filled with **the wounded** and **the dying**.
　病院は負傷者と瀕死の人たちで溢れかえっていました。
**The deceased** was a great enterpriser.
　その故人は偉大な事業家でした。
It was **piercing** cold outside.
　外は肌を刺すような寒さでした。
How **damned** hot this sauna is!
　このサウナはむちゃくちゃ暑いです。

**Q4**　分詞構文は、接続詞と動詞の働きを兼ねるということですが、具体的に、どのような意味を表すのでしょうか。また、分詞構文を使う場合に、何か注意すべき点はありますか。

**A4**　まず、分詞構文は現在分詞を使って（場合によっては、beingが省略されて、過去分詞が使われることもあります。）、「時」、「原因・理由」、「譲歩」、「条件」、「付帯状況（同時進行）」などを表します。分詞構文の場合も、述語動詞の表す「時」よりも前の「時」を表す場合には、完了形が用いられます。また、否定詞は、分詞の前に置かれます。さらに、分詞構文を強調するとき、現在分詞が用いられている場合は現在分詞＋as S doで、また、過去分詞が用いられている場合は過去分詞＋as S be動詞の形となります。それでは、具体的な分詞構文のつくり方を見てみましょう。

**When I entered the room**, I found a stranger waiting for me.

　私が部屋に入ったとき、見知らぬ人が私を待っていました。

従属節の部分について、次のような手順で確認していきましょう。（φは「とる」という意味です。）

①接続詞をとる：接続詞→φ
②主節の主語の異同を確認する：同じ場合→φ；異なる場合→そのまま残す
③主節の動詞との時制の異同を確認する：同じ場合→単純形の動詞の原形＋〜 ing；異なる場合→
　完了形のhaving＋過去分詞

上の手順に従うと、まず、whenをとり（①）、次に、主節の主語は従属節の主語がＩと同じなのでとり（②）、最後に、主節の動詞の時制も従属節の動詞の時制も同じ過去時制なので、単純形のenteringとします（③）。結果として、以下の文が導かれます。逆に、分詞構文を含む文を節の形式に変える場合には、意味関係に留意しないといけないので、注意が必要となります。

**Entering the room**, I found a stranger waiting for me.（時）

　部屋に入ると、見知らぬ人が私を待っていました。

最後に、いくつか例文をペアで挙げておきますので、再確認してください。

If she is left to herself, the little girl will begin to cry.
**(Being) Left** to herself, the little girl will begin to cry.（条件）

　1人ぼっちにされたら、その幼い少女は泣き出すでしょう。

As I had failed twice, I didn't want to try again.
**Having failed** twice, I didn't want to try again.（完了形分詞構文）

　2度も失敗していたので、私はもう1度やりたくありませんでした。

Since I had not seen her for a long time, I failed to recognize her.
**Not** having seen her for along time, I failed to recognize her.（否定詞の位置）

　長い間会っていなかったので、私は彼女が誰だかわかりませんでした。

Since I know my own faults, I'm not in a position to blame others.
**Knowing as I do** my own faults, I'm not in a position to blame others.（分詞構文の強調）

　自分自身の至らぬところは十分にわかっていますので、私はとても他人のことをとやかく言う立場ではありません。

**Q5** 分詞を用いた慣用表現にはどのようなものがありますか。

**A5** すでに解説したものも含まれますが、以下のような表現がよく用いられます。また、分詞構文の慣用表現もいくつかありますので、覚えておきましょう。

When I was young, I would often **go** sightsee**ing** many temples and shrines in Kyoto with my family.

若いころ、私はよく家族と京都にある多くの神社仏閣を見学に行ったものでした。

I used to **spend** much time look**ing** at a world map as a child.

私は子供のころ世界地図を眺めるのに時間を費やしたものでした。

**There was** no furniture **left** in the house after she went out.

彼女が出て行った後は、家には家具は一切何も残っていませんでした。

**Judging from** his accent, he must be a French.

彼のなまりから判断すると、彼はフランス人に違いありません。

**Considering** her age, she is too childish.

年齢からすると、彼女はかなり子供っぽ過ぎます。

**Provided/Providing that** you promise to come back before dark, you may go out.

暗くなる前に返ってくると約束するのであれば、外出してもいいですよ。

**Strictly speaking**, there remained many points unsolved in the plan.

厳密に言うと、その計画には多くの点がまだ解決されないで残っていました。

## *Exercises*

1. 次の各文の（　　）の中の語を適当な形に直して、全文を日本語に訳しなさい。 (10)

(1) The girl **(chat)** over there is my friend's daughter.

_____

(2) The teacher admired the picture **(draw)** by the student.

_____

(3) A **(drown)** man will catch a straw.

_____

(4) The police was looking for the **(escape)** criminal.

_____

(5) Our kids came **(run)** towards us.

_____

(6) She felt **(hurt)** at her steady's insensitive words.

_____

(7) His remark set all the audience **(laugh)** all at once.

_____

(8) I heard my name (call) twice in the waiting room.

_____

(9) His manner made everyone around him (please).

_____

(10) You had better leave it (unsay).

_____


## 2. 次の日本語に合うように、各文の（　　）の中の語を適当な形に直しなさい。

(1) I would often go (swim) at the nearby river with my cousin.
　　私はよくいとこと一緒に近くの川に泳ぎに行きました。

　　_____

(2) I have been busy (write) Christmas cards to my friends for the week.
　　私はこの1週間は友人にクリスマスカードを書くのに忙殺されています。

　　_____

(3) She came back home, utterly (exhaust), from her long trip.
　　彼女は長旅でへとへとになって帰宅しました。

　　_____

(4) How lucky I am to find that there are still two cakes (leave) in the refrigerator!
　　冷蔵庫にまだケーキが2つ残っていて、とてもラッキーです。

　　_____

(5) There were some employees still (work) in their office even after 9.
　　もう9時を過ぎているというのに、従業員たちはまだ職場で残業をしていました。

　　_____

(6) I had a chance to visit the poor and the (suffer) at the rural area.
　　私は田舎地域の貧しい人たちや苦しんでいる人たちを訪問する機会がありました。

　　_____

(7) All of the (accuse) were judged guilty by the jury.
　　被告人全員が陪審員によって有罪判決を受けました。

　　_____

(8) We are all in the land of the (live).
　　私たちは皆生きています。

　　_____

(9) It was (freeze) cold last night.
　　昨晩は凍てつくような寒さでした。

　　_____

(10) What a (damn) silly mistake again I made!
　　私はなんてくだらない馬鹿げたミスを繰り返したのでしょう！

　　_____

**3. 次の日本語に合うように、各文の（　　）の中の語を適当な形に直しなさい。**

(1) It is **(amaze)** that you won the first prize.
　　君が特賞を取ったのは驚くべきことです。
　　_____

(2) She was **(amaze)** to find him waiting for her there.
　　彼女は彼がそこで待ってくれていて驚きました。
　　_____

(3) I was **(shock)** at the indifferent attitude.
　　私は彼の無関心な態度にショックを受けました。
　　_____

(4) The automobile crash was very **(shock)** to all the people there.
　　その自動車の衝突事故は現場に居合わせた人たち全員にたいへんショックなことでした。
　　_____

(5) This is a **(surprise)** report from the CNS News.
　　これはCNSニュースからの驚くべき報告です。
　　_____

(6) There was nothing **(surprise)** in the Government interim report.
　　政府の中間レポートには何の驚くべきこともありませんでした。
　　_____

(7) She looked **(surprise)** at the news of his death.
　　彼女は彼の死去の知らせを聞いて驚いた様子でした。
　　_____

(8) The professor's lecture was utterly **(bore)**.
　　その教授の講義は退屈極まりないものでした。
　　_____

(9) I can't stand this **(bore)** job any more.
　　私はこの退屈な仕事にはもう耐えられません。
　　_____

(10) I was sitting on the chair **(bore)** with his endless story.
　　私は彼の延々と続く長話にうんざりしながら椅子に座っていました。
　　_____


**4. 次の下線部について、各文のそれぞれの誤りを訂正しなさい。**

(1) <u>Seeing from a distance</u>, it looked like a rabbit.
　　_____

(2) Some books, **reading carelessly**, will do more harm than good.

_____

(3) **Being no bus service**, we had to walk all the way to the station.

_____

(4) She visited the school for the first time, **accompanying by her mother**.

_____

(5) **The work having finished**, I went out for a walk.

_____

(6) **Being fine yesterday**, we set out on a picnic.

_____

(7) **All things considering**, my life is a peaceful one.

_____

(8) He sat alone silently, **with his arms folding**.

_____

(9) **Being not very tired**, the runner didn't stop to take a rest.

_____

(10) **Living as I am far away from town**, I rarely have visitors.

_____


## 5. 次の英文を日本語に訳しなさい。

I was just looking at the dog, being afraid to approach him for fear the animal should show his teeth and equally being afraid to run away lest I should be thought a coward.

**ヒント** ☞ 分詞が用いられている表現に注意して、訳しましょう。

## 6. 次の和文を英語に訳しなさい。

恋人たちは、時々視線（glances）を交わしながら、ベンチに座って陽気に会話を楽しんでいました。

**ヒント** ☞ 「時々視線を交わしながら」について、分詞構文を用いて表してみましょう。可能であれば、「付帯状況のwith」を用いた表現も考えてみましょう。

# UNIT 10　関係詞

## Review Practice

前のUNITでは、分詞について学びました。下線部に注意して、次の各文を日本語に訳しなさい。

(1) Chris found bungee jumping to be a **terrifying** experience.

_____

(2) The **injured** cyclist was helped by a passerby.

_____

(3) **Having finished his work early**, Peter decided to go for a walk in the park.

_____

(4) **Frustrated by the long wait**, the customers started complaining to the manager.

_____

(5) **Judging from what I've heard**, it's just a rumor.

_____


## Introduction

このUNITでは、関係詞を扱います。関係詞は2つの文をつなげる働きがあり、2つの文の接続部分のそれぞれが担っている働きによって、関係代名詞、関係形容詞、関係副詞に分けることができます。関係詞によって導かれる文を関係詞節と呼び、それが限定している部分を先行詞と呼びます。文中での働きという点がとても重要で、関係詞を使う場合には、関係詞の前後で用いられている2つの文を必ず確かめる習慣をつけてください。以下の例を見ましょう。

(a) This is a playground (　　　) I used to visit as a child.
　　ここは私が子供の頃によく訪れた遊び場です。
(b) This is a playground (　　　) I used to play as a child.
　　ここは私が子供の頃によく遊んだ遊び場です。

関係詞に苦手意識をもっている人は、与えられた日本語で何となく解答するかもしれませんが、上で述べたように、関係詞は2つの文をつなげて、そのつなぎの部分の働きがどうなっているかが重要です。早速、(a) と (b) のそれぞれの文を2つに分けてみましょう。

(a') This is a playground. ＋ I used to visit **the playground** as a child.
　　　　　　　　　　　　　　　　　　　↳ it（代名詞）

(b') This is a playground. ＋ I used to play **in the playground** as a child.
　　　　　　　　　　　　　　　　　　└→there（副詞）

それぞれ後半の該当部分について、（a'）では、the playgroundは他動詞visitの目的語として、名詞的な働きをしていて、1語で表すと、「代名詞」のitに置き換えることができます。一方、（b'）では、in the playgroundは自動詞playに続く副詞句で、1語で表すと、「副詞」のthereに置き換えることができます。もうおわかりかと思いますが、（a）には関係代名詞のwhich/thatが入り、（b）には関係副詞のwhereが入ります。（a'）と（b'）の後半の文で、該当部分がどういう働きをしているかを見極めることがポイントです。

それでは、関係詞のそれぞれの基本的な用法を整理しておきましょう。

関係代名詞は接続詞と代名詞の働きを兼ねるものです。主格としては、先行詞が人の場合はwho/thatが、人以外の場合はwhich/thatが用いられます。thatはどちらの場合にも用いられます。また、所有格としては、先行詞が人の場合はwhoseが、人以外の場合はwhoseまたはof whichが用いられます。目的格としては、先行詞が人の場合はwhom/that/whoが、人以外の場合はwhich/thatが用いられます。

☞目的格の用法で、口語文（特に、アメリカ英語）では、whomが用いられることはまれで、thatやwhoが用いられたり、省略されたりします。

＜主格＞
The man **who/that** broke into the next house has been arrested.（主格：先行詞が人）
　隣家に押し入った男が逮捕されました。
I have seen a part of the lunar rocks **which/that** were brought back from the moon.（主格：先行詞が人以外）
　私は月から持ち帰られた月の石の一部を見たことがあります。

＜所有格＞
A widow is a woman **whose** husband is dead.（所有格：先行詞が人）
　未亡人とは夫が亡くなっている女性のことです。
My uncle lives in the Japanese-style old house **whose roof/the roof of which** is broken.（所有格：先行詞が人以外）
　私の叔父は屋根が破損している日本風の古民家に住んでいます。

＜目的格＞
I liked the clerk very much **(whom/that/who)** we met in the restaurant yesterday.（目的格：先行詞が人；省略可）
　私は昨日レストランで出会った店員さんがたいそう気に入りました。

The mystery **(which/that)** you recommended me was very exciting.（目的格：先行詞が人以外；省略可）

　君が私に勧めてくれた推理小説はとても刺激的でした。

関係形容詞は接続詞と形容詞の働きを兼ねるものです。関係形容詞としては、which, whatおよびその複合形（whichever, whatever）があります。

We stayed in Paris for a week, during **which** time we visited an old friend of mine.（=during its time）

　私たちはパリに1週間滞在し、その間に旧友の1人を訪ねました。

**What** money I have now is your disposal.（=All the money that I have）

　私が今持っている全部のお金はどうぞご自由にお使いください。

関係副詞は接続詞と副詞の働きを兼ねるものです。関係副詞は、先行詞の表す意味によって、where, when, why, howが用いられます。thatも同様に用いられます。howの先行詞はthe wayと決まっているので、一緒には用いられません。

This is the coffee shop **where/that** we often enjoyed drinking café latte on holidays.（場所）

　ここは私たちが休日によくカフェラテを楽しんだコーヒー店です。

Do you still remember the day **when/that** we first met?（時）

　あなたは私たちが初めて出会った日のことを覚えていますか。

I don't know the reason **why/that** she got so irritated.（理由）

　私は彼女がそれほど苛立った理由がわかりません。

This is **the way/how/that** I solved the class quiz.（方法）

　これは私がクラスの小テストを解いた方法です。

## Check

関係代名詞の格・先行詞・用法を整理すると、以下の表のようにまとめられます。

| 主格 | 所有格 | 目的格 | 先行詞 | 用法 |
|---|---|---|---|---|
| who | whose | whom | 人 | ● 制限的用法、非制限的用法の両方に用いられる。<br>● 目的格の関係代名詞は省略できる。 |
| which | whose<br>of which | which | 人以外 | ● 制限的用法、非制限的用法の両方に用いられる。<br>● 目的格の関係代名詞は省略できる。<br>● 主格の用法で、前文の内容を指すことができる。 |
| that | — | that | 何でも可 | ● 制限的用法のみに用いられる。<br>● 目的格の関係代名詞は省略できる。<br>● 前置詞を前に置くことはできない。 |
| what | — | what | 先行詞を<br>含んで<br>いる | ● 「〜ところのこと（もの）」を表し、先行詞が関係代名詞の中にすでに含まれているもので、名詞節を導く。 |

☞上の表で、thatは、所有格が要求されるところ以外であれば、先行詞は「何でも可」というオールマイティな関係代名詞です。thatが好んで用いられる場合もあるので、注意しましょう。

関係副詞の先行詞・用法を整理すると、以下の表のようにまとめられます。

| 関係副詞 | 先行詞 | 用法 |
|---|---|---|
| where | 場所を表すもの | ● 一般的なthe placeである場合は、先行詞が省略されることが多い。また、関係副詞が省略されることもある。<br>● 制限的用法、非制限的用法の両方に用いられる。 |
| when | 時を表すもの | ● 一般的なthe timeである場合は、先行詞が省略されることが多い。また、関係副詞が省略されることもある。<br>● 制限的用法、非制限的用法の両方に用いられる。 |
| why | 理由を表すもの<br>(the reason) | ● 先行詞はthe reasonと決まっているので、先行詞は省略されることがある。また、関係副詞が省略されることもある。<br>● 制限的用法のみに用いられる。 |
| how | 方法を表す<br>(the way) | ● 先行詞はthe wayと決まっているので、先行詞は省略される。また、関係副詞が省略されることもある。<br>● 制限的用法のみに用いられる。 |

## *Grammar Points*

**Q1** 関係詞には、制限用法と非制限用法があると聞いたことがありますが、具体的にはどのような違いがあるのでしょうか。

**A1** 関係代名詞と関係副詞には、先行詞を修飾・限定する制限用法と呼ばれるものと、先行詞について挿入的あるいは付加的に説明する非制限用法があります。書く場合にはコンマで区切り、話す場合にはポーズが置かれます。thatにはこの用法はありません。

The wife **whom** he loved dearly is young and pretty.（関係代名詞：制限用法）
　（複数いる妻の中で）彼がとても愛している妻は若くて可愛いです。
The wife, **whom** he loved dearly, is young and wife.（関係代名詞：非制限用法）
　（1人しかいない）彼の妻は、彼がとても愛しているが、若くて可愛いです。

This office **where** I work on Mondays is very close to the station.（関係副詞：制限用法）
　（複数ある勤め先の中で）私が月曜日に勤めているこの事務所は駅にとても近いです。
This office, **where** I work, is very close to the station.（関係副詞：非制限用法）
　（勤め先として1つしかない）この事務所は、私が勤めているのですが、駅にとても近いです。

**Q2** 関係代名詞はどのような場合に省略されるのでしょうか。

**A2** 一般に、関係代名詞の目的格は省略されるとされていますが、もう少し詳しく見てみましょう。

（1）動詞や前置詞の目的語となる場合は省略することができ、口語では省略するのが一般的です。
This is not the position (**which/that**) I'm seeking for.（目的格の省略）

これは私が求めている職位ではありません。

☞非制限用法の関係代名詞の目的格は省略できません。
This position, **which** I'm looking for, is not vacant.
　この職位は、私が求めているものですが、今空いていません。

（2）主格でも補語で用いられる場合は省略されることがあります。（主格の省略）
I am no longer the man **(that)** I was when you saw me first.
　私は君と初めて出会ったときのような人間ではもはやありません。

（3）主格の関係代名詞でも、There is ～構文やIt is ～で始まる強調構文が口語で用いられる場合に省略されることがあります。（There is ～構文やIt is ～の強調構文での主格の省略）
*There is* someone at the door **(who)** wants to speak to you.
　あなたにお話があるという方が玄関におられます。
*It is* not every young man **(that/who)** gets an opportunity like that.
　そのような機会が得られるのは若い誰もがというわけにはいきません。

☞関係副詞の省略については、前述の関係副詞の表で確認しておきましょう。

**Q3**　今まで見てきたように、かなり多くの場合にthatを使えることはわかりましたが、その中でも、特に、thatが好まれる場合を教えてください。
**A3**　まず、先行詞が「人」と「人以外」の両方の場合は、必ずthatが用いられます。それ以外としては、先行詞に何か強い限定が加えられている場合や情報がたくさん付け加えられている場合に、thatが好んで用いられます。具体的には、（1）先行詞が最上級の形容詞やthe only, the firstなどの強い限定を受けている場合、（2）先行詞に数量形容詞を含んでいる場合、（3）nobodyやeverythingなどの不定代名詞の場合、（4）疑問詞のwhoに続く場合が挙げられます。

Bernard Shaw is one of the greatest English playwriters **that** ever lived.（先行詞に最上級を含む）
　バーナード・ショーは今までの（生きた）中で最も偉大なイギリスの劇作家の1人です。
I'm wiling to do everything that is helpful to you.（先行詞にeverythingを含む）
　私はあなたに役立つことなら何でもいたします。
There isn't much **that** your friends can help.（There is 構文で）
　君の友人が助けられることはあまりありません。
Who **that** ever visited Kyoto can forget its long history and tradition?（疑問詞のwhoとともに）
　京都を今まで訪れた人で誰がその長い歴史と伝統を忘れることができるでしょうか。

**Q4** 関係代名詞と関係形容詞のwhatについて、解説してください。

**A4** 関係代名詞と関係形容詞のwhatのそれぞれが代名詞と形容詞の役割を果たしていることは、すでに見てきたとおりです。関係代名詞のwhatは、先行詞をその中に含んでいて、「〜あること（／もの／人）」や「〜すること（／もの／人）」を表します。また、「〜するところのすべてのこと（／もの）」を表すこともあります。また、関係形容詞として、whatが名詞をともなって、「〜すべての〜」や「〜どんな〜」などの意味を表します。

Did you catch **what** I said?（関係代名詞のwhat）
　あなたは私が言ったことは理解できましたか。
I'll do **what** I can to help you.（関係代名詞のwhat）
　私はあなたのお役に立つことであれば何でもいたします。
Take **what** masks you need.（関係形容詞のwhat= as many masks as you need）
　必要とするマスクをおとりください。
Take **what** measures you need.（関係形容詞のwhat= any measures that you need）
　必要とするどんな手段でも講じてください。

**Q5** asやthanも関係代名詞のように使われると聞きました、具体的にはどういうものでしょうか。

**A5** 関係代名詞の説明でも述べたように、基本的には使い方は同じです。ただ、先行詞がsuch, the same, asなどによって修飾されている場合は、主格あるいは目的格として、asが用いられます。また、先行詞がmoreによって修飾されている場合は、通常、主格として、thanが用いられます。

I have the same trauma **as** you had before.
　私はあなたが以前に経験した同じトラウマを今抱えています。
There are more problems **than** can be treated by them.
　彼らには扱いきれない問題が山積しています。

**Q6** 複合関係詞という用語を聞いたことがあるのですが、どのような形と用法があるのでしょうか。

**A6** 関係代名詞と関係副詞のwho, which, what, where, when, howに-everのついた形をそれぞれ複合関係詞と呼びます、複合関係代名詞には、whoever, whosever, whomever, whatever, whicheverがあり、主語、目的語、補語として名詞節を導いたり、副詞節を導いたりします。複合関係副詞には、wherever, whenever, howeverがあり、譲歩を表す副詞節を導きます。また、複合関係形容詞にはwhateverとwhicheverがあります。

I'll invite **whoever** wants to join us and **whomever** you want to invite.（複合関係代名詞）
　私は加わりたい人は誰でも招待し、あなたが招きたい人も誰でも招待しましょう。
I'm all right **however** you've dealt with it.（複合関係副詞）
　私はあなたがどんな方法でそれを扱ってもまったく問題ありません。
You may buy **whichever** handbag you like.（複合関係形容詞）
　あなたの好きなハンドバックをどちらでも買ってかまいませんよ。

**Q7** 関係代名詞を用いた慣用表現にはどのようなものがありますか。

**A7** 以下のような表現がよく用いられますので、覚えておきましょう。

He is **what is called/what you call** an "anime geek."

　彼はいわゆる「アニメオタク」です。

The rules must be few, and **what is more** important, simple.

　規則というものは、数が少なくなければなりません。さらに重要なことは、単純でなければなりません。

**What with** rising prices **and** heavy taxes, every family is having a hard time making both ends meet.

　物価高や重税やらで、どの家庭もやりくりに苦労しています。

Leaves are to the plant **what** lungs are **to** the animal.

　植物の葉に対する関係は、動物の肺に対する関係と同じです。

**All** you **have to** do is (to) sit quietly in the meeting.

　会議ではただ黙って座っているだけでいいです。

My house is **the last** place I expected to be broken into.

　まさか私の家が泥棒に入られるとは思ってもいませんでした。

He always feels embarrassed when spoken to in English, **as is often the case with** many Japanese.

　多くの日本人の場合と同様に、彼は英語で話しかけられると、いつもどぎまぎしてしまします。

## *Exercises*

1. 次の各文の（　　）の中に適当な関係代名詞を入れて、全文を日本語に訳しなさい。（11）

(1) I don't like people (　　　　) lose their tempers quickly.

_____

(2) English (　　　　) we use every day has a lot of words from various languages.

_____

(3) You must not use a word (　　　　) meaning you don't understand well.

_____

(4) This is the magazine (　　　　) he referred to as interesting the other day.

_____

(5) The mountain of (　　　　) the summit you can see over there is Mt. Asama.

_____

(6) Now I'm leaving the people and places (　　　　) have long been familiar to me.

_____

(7) Don't hesitate to do the things (　　　　) you believe are right.

_____

(8) When I looked through the window, I saw a girl (     ) beauty took my breath away.

_____

(9) Budapest, (     ) is on Danube, is known as a very beautiful city.

_____

(10) She is not the honest girl (     ) she used to be.

_____


**2. 次の日本語に合うように、（　　）の中の語を正しい語順に並び替えなさい。ただし、文頭に来るべき語も小文字で示してあります。**

(1) Many of the stars (**the, shine, sky, which, are, in**) bigger than the sun.
空に輝いている星の中には太陽よりも大きなものがたくさんあります。

_____

(2) You've reached (**should, an, you, when, stand, age**) on your own feet.
君も独り立ちすべき年齢ですよ。

_____

(3) There is (**why, enjoy, reason, every, they**) such a high standard of living.
彼らがそのような高い生活水準を享受しているのにももっともな理由があります。

_____

(4) I still remember (**days, my, suffering, family, was, the, when**) from extreme poverty.
私は家族がひどい貧しさに苦しめられていた時代のことを今でも覚えています。

_____

(5) (**solved, me, the, tell, way, you**) such a difficult problem.
君はそんな難しい問題をどうやって解いたのかを教えてください。

_____

(6) These day (**buy, we, anything, we, can, want**), if we have enough money.
近頃は、お金さえあればほしいものは何でも買えます。

_____

(7) (**thought, proved, I, was, man, you, the, who**) to be an utter stranger.
私があなただと思った人がまったく知らない人でした。

_____

(8) Some people believe that (**important, is, in, is, most, what, life**) money.
人生で最も大切なのはお金であると信じている人もいます。

_____

(9) He is as (**a, studied, ever, student, as, brilliant**).
彼は今まで学んだ学生の中で一番優秀な学生です。

_____

(10) (seek, alive, who, doesn't, that, is) happiness?
この世に生を受けている人で幸福を求めない人はいるでしょうか。

---

3. 次の日本語に合うように、（　　）の中に適切な関係詞を入れなさい。

(1) Here comes the time (　　　　) every minority can enjoy their freedom.
すべての少数者が自らの自由を楽しむことができるときがやってきました。

(2) The supermarket is near (　　　　) I work.
そのスーパーマーケットは私の職場の近くにあります。

(3) You have a right to spend your money (　　　　) you please.
あなたには好きなようにお金を使える権利があります。

(4) That's (　　　　) he refused to join us in the end.
それが彼が結局私たちには加わらなかった理由です。

(5) I attempted to break the iron door open, (　　　　) I found impossible.
私は鉄製の扉を壊して開けようとしましたが、不可能だとわかりました。

(6) (　　　　) is often the case with him, he was late for the first class this morning.
彼にはいつものことですが、今朝も1限目の授業は遅刻しました。

(7) I'm willing to give you (　　　　) help you need.
必要とされる援助は何でもさせていただきます。

(8) I was robbed of (　　　　) little money I had during my stay in Rome.
ローマ滞在中にわずかですが、なけなしのお金をすられました。

(9) (　　　　) is worth doing well is worth doing well.
いやしくもするだけの価値があるものは何でも立派にする価値があります。

(10) (　　　　) hard you might try it, your efforts would be in vain.
どれほど一所懸命にそれをやってみても、君の努力は結局無駄になるでしょう。

4. 次の日本語に合うように、（　　）の中に適切な語を入れなさい。

(1) Mr. Ota, (　　) (　　) I was working, was very generous about the bonus.
私は、オオタ氏の下で働いていましたが、彼はボーナスはとても気前よく出してくれました。

(2) There was always laughter in the group (　　) (　　) he was the center.
彼を中心とするそのグループにはいつも笑いが絶えなかった。

(3) I asked him about his brother (　　) (　　) I had played as a child.
私は子供の頃に一緒に遊んだ彼の弟のことを尋ねました。

(4) The rapidity (　　) (　　) infants acquire language is amazing.
幼児が言語を習得する速さは驚くべきものです。

(5) Dr. Shirai asked the patient to explain the pain (　　) she was suffering (　　).
シライ医師は患者に自身の苦しんでいる痛みを説明するように求めました。

(6) A friend (　　) (　　) one can depend in time of trouble is a real friend.

困ったときに頼れる友人が本当の友人です。

(7) In England there is no real autumn (　　) (　　) we have in Japan.

イギリスには、日本のような秋らしい秋はありません。

(8) To shut your eyes to facts, (　　) many of you do, is foolish.

皆さんの多くの人がそうであるように、事実に目をふさぐのは愚かなことです。

(9) What is the (　　) one thing (　　) matters?

人生で唯一大切なことは何でしょうか。

(10) I bought (　　) books (　　) I could read in a month.

私は1ヶ月では読み切れないほどの本を購入しました。

## 5. 次の英文を日本語に訳しなさい。

As he approached the village, he met a number of people, but none whom he knew, which somehow surprised him, for he thought himself acquainted with everyone in the country.

ヒント ☞ 本文中のwhichは前文の内容を指す用法であることに注意して、訳しましょう。

## 6. 次の和文を英語に訳しなさい。

久々に同窓会（reunion）で彼に再会したのですが、彼はすっかり太ってしまって、もはや昔の面影はありませんでした。

ヒント ☞ 後半部分について、関係代名詞のwhatを用いて、表してみましょう。

# UNIT 11 比較・否定

## Review Practice

前のUNITでは、関係詞について学びました。下線部に注意して、次の各文を日本語に訳しなさい。

(1) Last year, I visited the town **where** I spent the first twelve years of my life.

_____

(2) She says **whatever** she wants to say.

_____

(3) Can you name the artist **whose** famous painting is called "The Girl with a Pearl Earring"?

_____

(4) The necklace, **which** he is still looking for, was a gift from my mother.

_____

(5) Not everything **that** is faced can be changed, but nothing can be changed until it is faced.

_____

## Introduction

このUNITでは、比較級・最上級などの比較の表現と否定表現について、必要な文法事項を順に説明していきます。

2つのものを比べて、その程度が等しいことを表す場合（同等比較）は、形容詞や副詞のそのままの語形である原級が使われます。2つのものを比べて、どちらの程度が高いかを表すのに用いられる語形を比較級と言います。3つ以上の中で、程度が最も高いことを表すのに用いられる語形を最上級と言います。

She is **as** *tall* **as** my brother. （同等比較）
　彼女は私の兄と同じくらい背が高いです。
I can swim *faster* **than** my brother (can). （比較級）
　私は兄より速く泳げます。
I can swim **(the)** *fastest* of us all. （最上級）
　私は私たちの中で1番速く泳げます。

2つのものを比べて、「〜倍ある」や「何分の何」であることを示すには、次のような倍数表現があります。

He earns **ten times as** much money **as** you (do).
　彼はあなたの10倍お金を稼いでいます。
He has only **half as** many books **as** you (do).
　彼はあなたの半分しか本を持っていません。
She ate only **one-third as** much **as** I (did).
　彼女は私の3分の1しか食べませんでした。

比較表現には、「AはBより〜だ」という優勢比較と「AはBより〜でない」という劣勢比較があります。

This stick is *longer* **than** that one.（優勢比較）
　この棒はあの棒より長いです。
This problem is **less** *difficult* **than** that one.（劣勢比較）
=This problem is **not as/so** *difficult* **as** that one.
　この問題はあの問題より難しくありません。

最上級を用いる場合、どの中で「最も」〜なのかを表すのに、in, of, amongなどが用いられます。場所や範囲を表す場合はin、同類のグループやメンバーを表す場合はofを使います。ofの後ろには、the+数、all、all+複数名詞などがきて、同類のグループやメンバーを表しています。amongはofと置き換えることができるケースも多く、ofには「〜に属している」という意味合いがあり、amongは「〜の間で」というニュアンスがあります。

Who is **the most** *influential* fashion designer in the United States?（〜という範囲の中で）
　アメリカで最も影響力のあるファッションデザイナーは誰ですか？
Tom is **the** *tallest* of all the students.（〜のメンバーの中で）
　トムはすべての生徒の中で一番背が高いです。
Gardening is **the most** *popular* activity among the 50s.（〜というメンバーの間で）
　ガーデニングは50代の間で最も人気のある活動です。

最上級を使う場合、複数のものについて比較しているときはtheをつけ、同一のものについて比較しているときはtheをつけません。

This lake is **the** *deepest* in Japan.（他の湖との比較）
　この湖は日本で1番深いです。
This lake is *deepest* at this point.（同じ湖での一番深い地点）
　この湖はこの地点で最も深いです。
Angie looks **the** *happiest* of them all.（他の人との比較）
　アンジーは皆の中で1番幸せそうです。

Angie looks *happiest* when she is with her children. （同一人物についての比較）
　アンジーは子供たちといるときが1番幸せそうです。

続いて、否定表現について見てみましょう。

否定語であるno, not, never, neither, nothingなどを用いて否定の意味を表す文を否定文と言います。また、not やneverは「〜ない」と完全に否定するのに対して、hardly, scarcely, seldom, rarelyなどは、「ほとんど〜ない」「めったに〜ない」という意味になります。

I have**n't** decided yet whether I will attend the party.
　私はパーティーに出るかどうかまだ決めていません。
Her family could**n't** help her, and **neither** could her friends.
　彼女の家族も、彼女の友人たちも彼女を助けることはできませんでした。
I **hardly** know where to begin.
　私はどこから始めたらいいのかほとんどわかりません。
He **seldom** gets angry or irritated.
　彼はめったに怒ったり、いらだったりしません。

日本語と異なる英語の特徴として、主語に否定語が用いられることがあります。日本語で表現する場合は、動詞の部分を否定するなどして、訳出に工夫が必要になります。

**Nothing** happened, though I expected.
　期待していたのに、何も起こりませんでした。
Very **few** people knew the phrase "work-life balance" ten years ago.
　10年前「ワークライフバランス」という表現を知っている人はほとんどいませんでした。

## *Check*

比較表現には、さまざまな慣用表現があります。以下に、よく使われる表現をまとめてあります。これらの表現を使うことによって、英語の表現をより豊かにすることができます。

| 比較級＋and＋比較級 | ますます〜だ | The price of gas is getting **higher and higher** these days. （ガスの料金が最近ますます高騰しています。） |
|---|---|---|
| The 比較級〜, the 比較級〜 | 〜であればあるほど〜だ | **The more** beer you drink, **the fatter** you get. （ビールを飲めば飲むほど、太りますよ。） |
| may [might] (just) as well | 〜したほうがいい | Since it's raining heavily, we **may just as well** stay indoors and watch a movie. （雨がひどく降っているので、家にいて、映画を観たほうがいいよ。） |

| no more than ～ | ～しか | The temperature should reach **no more than** 25 degrees Celsius today.（今日は、気温は25度Cにしかならないでしょう。） |
|---|---|---|
| no less than ～ | ～も | The concert attracted **no less than** ten thousand enthusiastic fans.（コンサートは10,000人もの熱狂的なファンを集めました。） |
| no sooner ～ than ～ | ～するやいなや～する | **No sooner** had the students entered the classroom **than** the teacher began the lesson.（生徒たちが教室に入るとすぐに、先生は授業を始めました。） |
| would rather ～ than ～ | ～するくらいなら～するほうがましだ | I **would rather** stay home **than** go out tonight.（今晩は、外出するくらいなら、家にいるほうがましです。） |
| at (the) most/at (the) least | 多くてもせいぜい<br>少なくとも | It will take **at most** 10 minutes to walk there.（そこに歩いていくのにはせいぜい10分程度です。） |
| at (the) best/at (the) worst | よくても<br>悪くても | Her essay is likely to receive a C grade **at best**.（彼女の論文はよくてもC評価でしょう。） |
| at (the) latest/at (the) earliest | 遅くとも<br>早くとも | We won't get the test results until the start of next week **at the earliest**.（私たちは、早くても来週初めまでは試験結果はわからないでしょう。） |

否定語を含んだ慣用表現も英語には多くあります。以下に、よく使われるものをまとめてあります。

| cannot help ～ ing/avoid ～ ing | ～せずにはいられない | I **can't help** feel**ing** anxious before a big exam.（私は大事な試験の前には緊張せずにはいられません。） |
|---|---|---|
| There is no ～ ing | ～することができない | **There is no** account**ing** for tastes when it comes to fashion choices.（服装の選択となると、それぞれの趣味を説明することはできません。） |
| never ～ without ～ ing | ～すれば必ず～する | He **never** attends a party **without** bring**ing** a bottle of wine as a gift.（彼はパーティーに行くときは必ずワインを1本持参します。） |
| no longer/not ～ any longer | もはや～でない | The regulation is **no longer** in effect.（その規制はもはや実効していません。） |
| have nothing to do with ～ | ～とは関係がない | His decision to quit his job **had nothing to do with** the salary.（彼の仕事を辞めようとする決心は給与とはまったく関係ありませんでした。） |
| hardly/scarcely ～ when/before ～ | ～するとすぐに～ | He had **hardly** started his presentation **when** the power went out.（彼がプレゼンを始めるとすぐに停電になりました。） |
| do nothing but ～ | ～してばかりいる | She **does nothing but** eat junk food all day.（彼女は1日中ジャンクフードばかり食べています。） |

## Grammar Points

**Q1** 比較級や最上級を原級とまったく別の形に変化させる場合がありますが、どのような例がありますか。

**A1** 形容詞、副詞ともに、wellとgoodはbetter, bestと変化します。形容詞のbadとill, 副詞のbadlyはworse, worstと変化します。また、many, muchは、more, mostに変化します。次の例のように、意味に応じて、2種類の比較級、最上級がある場合もあります。

They live **farther** down the river.（距離）
　彼らは川を下ったところに住んでいます。
For **further** information, see below.（程度・範囲）
　詳しくは以下をご覧ください。
☞farther と further の使い分けについては、国や地域によって違いが見られます。

It might rain **later** this evening.（時間）
　今晩遅く雨が降るかもしれません。
The **latter** part of the game was so exciting.（順序）
　試合の後半はとてもエキサイティングでした。
☞I ate the most cookies.（クッキーを1番たくさん食べた。）ではtheがつきますが、比較の対象がないMost people speak two languages in this country.（この国では、たいていの人々は2か国語を話します。）ではtheがなく、「ほとんどの／たいていの」という意味になります。

**Q2** 比較級や最上級を修飾する場合は、どのような表現を用いたらよいですか。

**A2** 2つの差が大きい場合、much や farを使います。差が小さいことを表すときには、a little, a bit, somewhatなどが使われます。具体的な数を例示する場合もあります。

You are a **much** better driver now than before.
　以前と比べて、君はずいぶんと運転がうまくなったね。
I'm **a little** less nervous than I used to be in presentation.
　プレゼンテーションでは、私は以前ほどはほんの少し緊張しなくなっています。
She is **three years** older than my father.
　彼女は私の父より3歳年上です。
May I have **one** more cookie?
　もう1つクッキーをもらえますか。

また、最上級の意味を強調する場合、veryをつけると「まさに」の意味になります。また、by far, far, much, far and awayなどをつけると「ずば抜けて」の意味になります。序数詞を最上級の前に置くと「～番目に最も～だ」という意味になります。

She is the **very** youngest.

　彼女はまさに最年少です。

He is **by far** the most handsome man of them.

　彼らの中では、彼はずば抜けてハンサムな男性です。

The Congo River is **the second** *longest* river in Africa.

　コンゴ川はアフリカで2番目に長い川です。

**Q3**　ラテン語に由来する形容詞の比較というのを聞いたことがありますが、どういうものですか。

**A3**　語尾に-orがつくラテン語に由来する比較の意味合いをもつ形容詞があります。比較の基準を表すときに、通常の比較級表現のthanではなく、toが用いられることに注意しましょう。

This wine is **superior to** that one in scent.

　このワインはあのワインよりも香りが優れています。

She is two years **senior to** me.

　彼女は2歳私より年上です。

**Q4**　全否定と部分否定とは何ですか。

**A4**　否定には、「全部（どちらも）～でない」という全否定と「全部（どちらも）～とはかぎらない」という部分否定があります。

**None** of the students could answer the question.（全否定）

　学生誰1人その質問に答えられませんでした。

**Not all** of the students could answer the question.（部分否定）

　すべての学生がその質問に答えられたわけではありませんでした。

一般に、否定語の後にall, every, bothのような全体を表す語、entirelyのような完全を表す語、alwaysやnecessarilyのような頻度や必然性を表す語がくると部分否定になります。

**Not everyone** is sure that such products are safe for the environment.

　そのような製品が環境に安全であるかどうか、誰もが確信しているわけではありません。

His explanation is **not entirely** satisfactory.

　彼の説明は完全に満足のいくものだとは言えません。

Rich people are **not necessarily** happy.

　お金持ちが必ずしも幸せとはかぎりません。

**Q5**　否定語の位置によって意味が変わる場合はありますか。

**A5**　副詞類と否定語の位置によって、意味が変わる場合があります。一般には、副詞類が否定語の右にある場合は、否定語の影響の及ぶ範囲に入り、左にある場合には否定語の影響の及ぶ範囲に入りません。

She did**n't intentionally** make hurtful comments to her colleague.

　彼女は意図的に同僚を傷つけるような発言をしたわけではありません。

She **intentionally** did**n't** make hurtful comments to her colleague.

　彼女は同僚を傷つける発言は意図的にしませんでした。

なお、以下の例では、allがnot の左にあるので、一般には、否定の領域に入らず、「すべてのメンバーがその提案に賛成しなかった」という全否定になりますが、「すべてのメンバーがその提案に賛成したわけではなかった」という部分否定の解釈も可能となります。

**All** the members did**n't** agree to the proposal.

次のような場合も、否定のnotがどこにかかるかによって、2通りに解釈できます。

I do**n't** like her **because she is rich**.

　彼女が金持ちなので、私は彼女のことが好きではありません。（動詞のlikeを否定）

　私は、彼女が金持ちだという理由で彼女のことが好きなわけではありません。（because以下を否定）

## *Exercises*

**1. 次の日本語に合うように、各文の下線部に適語を入れなさい。**

(1) This house is ＿＿＿＿＿＿＿＿ that one.

　この家はあの家の3倍の大きさです。

(2) The new smartphone has a ＿＿＿＿＿＿＿＿ camera than the previous model.

　この新しいスマートフォンには前のモデルよりよいカメラがついています。

(3) This hotel is ＿＿＿＿＿＿＿＿ than the one we stayed in last year.

　このホテルは昨年宿泊したホテルより豪華です。

(4) Her painting skills are ＿＿＿＿＿＿＿＿ to mine.

　彼女の絵のスキルは私のスキルより優れています。

(5) The Great Wall of China is ＿＿＿＿＿＿＿＿ man-made structure in the world.

　万里の長城は世界で1番長い人造の構造物です。

(6) This book is ＿＿＿＿＿＿＿＿ young readers.

　この本は若者の読者の中では1番人気です。

(7) The population of Spain is about ＿＿＿＿＿＿＿＿ that of Japan.

　スペインの人口は日本の人口の約3分の1です。

(8) This movie is ＿＿＿＿＿＿＿＿ interesting.

　この映画のほうがはるかにもっと面白いです。

(9) The skyscraper is ＿＿＿＿＿＿＿＿ in the city.

　その超高層ビルは市内で2番目に高い建物です。

(10) I feel _____ when I am playing the piano.

　　私はピアノを弾いているときが、もっとも幸せです。

## 2. 比較の慣用表現を使って、次の日本語に合うように、各文の下線部に適語を入れなさい。

(1) As the project progressed, we encountered _____ challenges.

　　プロジェクトが進むにつれて、われわれはますます多くの課題にぶつかりました。

(2) The restaurant's service was slow, and the food was mediocre _____.

　　レストランのサービスは遅かったし、料理もよく言っても平凡でした。

(3) I have _____ $50 in my wallet right now.

　　私は今財布の中に50ドルしか持っていません。

(4) _____ effort he put into his studies, _____ his grades became.

　　彼が勉強に力を入れれば入れるほど、彼の成績は高くなりました。

(5) The historical artifact was valued at _____ five hundred years old.

　　その歴史的遺物は500年以上前のものと評価されました。

(6) We would be warned severely _____, or be fired _____.

　　良くて厳重注意、悪ければ解雇となるでしょう。

(7) If you don't want to go to the party, you _____ decline the invitation.

　　パーティーに行きたくなければ、招待を断ったほうがいいですよ。

(8) _____ did the sun set than the stars began to twinkle in the night sky.

　　太陽が沈むやいなや夜空に星が瞬き始めました。

(9) We would _____ by train _____ by plane.

　　飛行機で移動するよりも電車で移動するほうがいいですよ。

(10) I'll be home by 7 _____.

　　どんなに遅くとも7時には帰宅します。

## 3. 次の2文がほぼ同じ意味になるように、各文の下線部に適語を入れなさい。

(1) Time is the most important thing of all.

　　_____ is more important than time.

(2) No other boy in our class is as smart as Harold.

　　Harold is _____ in our class.

(3) Rebecca is the tallest girl in our class.

　　Rebecca is taller _____ in our class.

(4) He has never scored so highly in a test as he did in this one.

　　This _____ score he has received in a test.

(5) I've never had to wait this long for a bus before.

　　This _____ I have ever had to wait for a bus.

(6) Alan did not pay any attention to what she said.
   Alan paid _____ to what she said.
(7) All the members didn't agree to the proposal.
   _____ agreed to the proposal.
(8) We have neither a TV nor a telephone.
   We don't have _____.
(9) The shop is not very busy today compared to yesterday.
   The shop is not _____ it was yesterday.
(10) I don't think I have ever had such a bad haircut.
   I think this _____ haircut I have ever had.

4. 次の日本語に合うように、（　　　）の中の語を正しい語順に並べ替えなさい。ただし、文頭に
来るべき語も小文字で示してあります。

(1) She has (the, nor, time, money, the, neither) to take a trip.
   彼女は旅行をする時間もお金もありません。
   _____

(2) (students, not, live, our, all) on campus.
   学生たちみんながキャンパスに住んでいるわけではありません。
   _____

(3) It took (week, for, a, him, more, no, than) to finish writing his essay.
   彼がエッセイを書き終えるのに1週間もかかりませんでした。
   _____

(4) I (say, understand, you, at, don't, what, all).
   私はあなたの言うことがまったく理解できません。
   _____

(5) She has never been to Spain, and (haven't, been, I, there, either).
   彼女はスペインに行ったことがありません。私も行ったことがありません。
   _____

(6) What he really needs is (word, but, money, a, not) of encouragement.
   彼に本当に必要なのは励ましの言葉であり、お金ではありません。
   _____

(7) (of, there, a, nothing, glass, milk, like, is) after taking a bath.
   風呂上がりの牛乳は最高です。
   _____

(8) Popular restaurants (not, are, best, the, necessarily).
   人気レストランが必ずしも最高とはかぎりません。
   _____

(9) I (little, to, had, time, prepare) for my presentation.

　　私はプレゼンの準備をする時間がほとんどありませんでした。

　　_____

(10) He (his, doing, start, didn't, until, homework) the 31st of August.

　　彼は8月31日になってようやく宿題をやり始めました。

　　_____

## 5. 否定の慣用表現を使って、日本語に合うように、次の各文の下線部に適語を入れなさい。

(1) You talk to the guy for five minutes, and you _____ him.

　　あの人と5分間話してごらんなさい。好きにならずにはいられないですよ。

(2) You _____ when it comes to online security.

　　ネットのセキュリティに関しては、慎重になりすぎることはありません。

(3) My preference for tea over coffee _____ caffeine.

　　コーヒーより紅茶が好きなのはカフェインとは関係ありません。

(4) I _____ my excitement when I see my favourite band live.

　　好きなバンドのライブを見ると、私は興奮を抑えられません。

(5) We _____ visit our grandparents _____ them fresh flowers.

　　祖父母を訪問するときはいつも生花をもっていきます。

(6) _____ I left the house than it started pouring rain.

　　私が家を出るやいなや雨が降ってきました。

(7) There is _____ tastes when it comes to people's preferred music genres.

　　人の好みの音楽ジャンルの話になると、人の好みは分かれるものです。

(8) The curfew is _____ in effect, allowing people to move freely during the evening hours.

　　夜間外出禁止令がもはやなくなり、夜の時間帯は自由に動けるようになりました。

(9) He had _____ when the power went out.

　　彼がプレゼンを始めるとすぐ停電になりました。

(10) He _____ know it _____ he received the letter.

　　彼は手紙を受け取って初めてそのことを知りました。

## 6. 次の英文を日本語に訳しなさい。

Some failure in life is inevitable. It is impossible to live without failing at something, unless you live so cautiously that you might as well not have lived at all—in which case, you fail by default.

**ヒント** 本文中の否定を表す単語であるinevitable, impossible, failとともに、withoutやunlessにも注意して、さらには、might as well not ~「~しないほうがましである」にも注意して、訳しましょう。

## 7. 次の和文を英語に訳しなさい。

大手鉄道会社では、ラッシュ時でも普通列車、特急列車ともに乗客にマスクの着用をもはや呼びかけなくなりました。

**ヒント** 👉 「もはや～ない」はno longerを用いましょう。また、「Oに～するように呼びかける」はcall on O to *do*を用いましょう。

# UNIT 12 助動詞・仮定法

## Review Practice

前のUNITでは、比較と否定について学びました。下線部に注意して、次の各文を日本語に訳しなさい。

(1) The number of English speakers is about **ten times as large as** that of Japanese ones.

---

(2) We faced the crisis **still sooner than** we had expected.

---

(3) Kagoshima is **the third largest** producer of potatoes in Japan.

---

(4) **The older** you get, **the weaker** your eyes become.

---

(5) **About two-thirds of adults** consult their doctor at least once a year.

---

## Introduction

このUNITでは、助動詞と仮定法について、必要な文法事項を順に説明していきます。

助動詞は、動詞と結びついて、いろいろな意味の彩りを添えたり、時制や態などを表したりします。助動詞には、動詞として用いられるものと助動詞としてだけでしか用いられないものがあります。さらに、その形式は、現在形と過去形の両方をもつものと一方の形式だけしかもたないものがあります。

助動詞には、以下のような特徴があります。

(1) 語形変化としては、be, have, doを除いて、主語による語形変化がありません。
(2) 活用形としては、be, have, doを除いて、過去分詞形と現在分詞形がなく、現在形と過去形の両方か、あるいは、その一方しかありません。
(3) 否定文や疑問文については、動詞の場合はdoを用い、助動詞の場合は助動詞の後にそのままnotをつけて否定文を、さらに、助動詞を文頭に置いて疑問文をそれぞれつくります。
(4) 助動詞の後には、動詞の原形が用いられますが、beとhaveの後には過去分詞が、ought とusedの後にはto不定詞が、それぞれ用いられます。

これらをまとめると、以下の表のようになります。

＜動詞として用いられるもの＞

| 原形 | 現在形 | 過去形 | 過去分詞形 |
|------|--------|--------|-----------|
| be | am, is, are | was, were | been |
| have | have, has | had | had |
| do | do, does | did | done |
| (need) | need | — | — |
| (dare) | dare | dared | — |
| (use) | (use) | — | used to |

＜助動詞としてだけ用いられるもの＞

| 原形 | 現在形 | 過去形 | 過去分詞形 |
|------|--------|--------|-----------|
| — | will | would | — |
| — | shall | should | — |
| — | can | could | — |
| — | may | might | — |
| — | must | — | — |
| — | ought to | — | — |

　文の内容に対する話し手の心のあり方（心的態度）を示す動詞の形態を「法」と言います。法には、次の3つがあります。

(1) 直説法：ある事柄を事実として述べる文の形式を指します。普通の文は、通常、すべてこの形式です。

This flower **is** beautiful.（直接法現在）
　この花は美しいです。

He **lived** in Kyoto then.（直接法過去）
　彼は当時京都に住んでいました。

The group **had started** there before he came.（直接法過去完了）
　彼が来たときは、一行はそこを出発していました。

(2) 仮定法：ある事柄を事実としてではなく、仮定や願望として述べる形式を指します。

If the rumor **is/be** true, it will/would sound serious.（仮定法現在）
　もしそのうわさが真実なら、由々しきことですね。

I wish you **were** with me now.（仮定法過去）
　あなたが今一緒にいてくれればなあ。

If you **had left** earlier, you would have been in time for the train.（仮定法過去完了）
　あなたが早く出かけていたならば、電車に間に合っていただろうに。

（3）命令法：命令、要求、依頼、禁止などを述べる形式で、常に動詞の原形を用います。
**Be** honest to others.（命令法）
　他者に常に誠実でありなさい。

以上見てきたように、動詞の形態に応じて、話し手が事態をどのようにとらえているかが、それぞれの法によって表されています。直説法や命令法はすでになじみの形式と思いますので、ここでは、仮定法について見てみることにしましょう。仮定法には、仮定法現在・仮定法過去・仮定法過去完了・仮定法未来がありますが、主に、仮定法過去と仮定法過去完了を解説することにしましょう。

☞仮定法については、用いられている動詞の形式（現在形（原形）を用いた仮定法→現在のことについての仮定；過去形を用いた仮定法→現在のことについての仮定；過去完了形を用いた仮定法→過去のことについての仮定）に応じた名称がつけられていて、意味に基づく名称ではありません。一方で、仮定法未来と呼ばれている形式については、起こる可能性が極めて低いことについての仮定を表していますが、ここでは、形式と意味が一致しておらず、内容面から見た名称であることに注意してください。

**If** it **should** rain, I would not go today.（仮定法未来）
　万一雨が降れば、私は今日は外出しません。

## Check

従来、1つの助動詞に対して、複数の意味・用法が存在しています。助動詞毎に覚えるのが大変だと思った人は、意味別に整理してみると覚えやすくなるでしょう。以下の表では、いろいろな助動詞を使って表せるように、意味別に助動詞をまとめています。

| ① 許可「～してもいいですか？」 | ● Can I ~?<br>● May I ~?（丁寧な表現）<br>● Would you mind my if ~?（丁寧な表現） |
|---|---|
| ② 依頼「～してもらえませんか？」 | ● Can you ~? / Will you ~?<br>● Could you ~? / Would you ~?（丁寧な表現）<br>● Would you mind ~ing?（丁寧な表現） |
| ③ 義務・忠告・助言 | ● must（= have to）「～しなければなりません」<br>　➤must notは「～してはいけません」という禁止の意味になります。<br>● should（= ought to）「～すべきです」<br>● had better「～したほうがよいです」 |
| ④ 推量 | ● must「～にちがいありません」<br>● should（= ought to）「～はずです」<br>● may「～かもしれません」<br>● cannot「～はずがありません」 |

また、このUNITでは、仮定法の示す意味や形式についても詳しく学んでいきますが、Introductionで述べている直接法と仮定法の違いを以下の表を通して比較してみましょう。これ以降の説明でも強調されていますが、仮定法の形式だけを覚えるのではなく、仮定法を用いることで、その文ではどのような意味が示されようとしているのかを強く意識して、リーディングやライティングに活かしましょう。

| | 直説法 | 仮定法 |
|---|---|---|
| 意味 | 事実やこれから起こる可能性が高いと話し手が思っていることを示す。 | 事実と異なることや起こる可能性が低いと話し手が思っていることを示す。 |
| 形式 | 現在のことは**現在形**、過去のことは**過去形**で表す。 | 現在の仮定は**過去形**、過去の仮定は**過去完了形**で表す。 |

## *Grammar Review*

**Q1** それぞれの助動詞にはどのような意味・用法がありますか。

**A1** 基本的は、それぞれの助動詞の意味・用法は個別に押さえておく必要がありますが、羅列的に暗記するのではなく、UNIT 1で触れたように、can, may, must, shouldなどは、本動詞に能力、義務、推量などの意味を付加できるものもあり、法助動詞と呼ばれています。これらは、①文の主語がもつ、または、文の主語に与えられる意思、能力、義務などの意味を添える根源的用法と②文の内容について話し手の知識や判断を示す陳述緩和的用法に下位分類されます。

| | ①根源的用法 | ②陳述緩和的用法 |
|---|---|---|
| can | ～できる（能力）<br>～してもよい（許可） | ～でありうる／ありえない（可能性） |
| may | ～してもよい（許可）<br>～するために（副詞節の中で、目的）<br>～けれども（副詞節の中で、譲歩）<br>～でありますように（祈願） | ～かもしれない（可能性・蓋然性） |
| must | ～しなければならない（義務・必要性）<br>どうしても～しなければ承知しない（主張・固執） | ～にちがいない（推量） |
| should | ～すべきだ（義務・当然・正当・忠告） | 当然～のはずである（推量） |

☞suggest/order/demand/insist that S should 動詞の原形～という形で、「～することを提案／命令／要求／主張する」という意味になり、shouldが用いられます。また、It is strange/natural that S should ～という形で、「～するのは奇妙です／当然です」という意味になり、shouldが用いられます。ただし、いずれの場合も、shouldはほとんど省略され、結果として、仮定法現在の形式となります（UNIT 4参照）。

☞推量の意味をもつcan, may, must, shouldに関しては、助動詞 + have + 過去分詞の形をとると、過去の推量などを示します。

Tatsuya **must have got** a good score because he studied hard.

　タツヤは一所懸命勉強したので、よい点数をとったにちがいありません。

Yuka **cannot have attended** the meeting in Osaka because she went to Nagoya yesterday.

　ユカは大阪での会議に出席したはずがない。なぜなら彼女は昨日名古屋に行っていたからです。

I **should not have stayed** up late last night.

　私は昨夜夜更かしをすべきではなかったです。

☞should have 過去分詞は「～したはずだ」という意味でも用いることができます。

**Q2** 仮定法の文とはそもそも何を表しているでしょうか？

**A2** 「仮定法」とは、「もしも～であれば／であったならば」のような仮定や「そうであれば／そうであったならばいいのになあ」という願望の非現実の世界を表します。いずれの場合も、仮定法の文は、**現在あるいは過去の事実と異なることを述べている**ということが重要になってきます。

☞仮定法の文では、事実と異なることを述べていることを示すために、動詞の時制は1つ前の時制にずれることも覚えておきましょう。

ここで、仮定法過去と仮定法過去完了を整理しておきましょう。

① 仮定法過去

形式：If＋主語＋動詞の過去形/were [was] ～, 主語＋would/could/might＋動詞の原形 ～

意味：「もし（今）～ならば、～なのに」

⇒**現在の事実**に反することを述べるときは、**過去形**を用いて表します。

② 仮定法過去完了

形式：If＋主語＋had＋過去分詞 ～, 主語＋would/could/might＋have＋過去分詞 ～

意味：「もし（あのとき）～だったならば、～だったのに」

⇒**過去の事実**に反することを述べるときは、**過去完了形**を用いて表します。

**If I were** a bird, I **could** fly freely in the sky.

　もし私が鳥なら、自由に空を飛ぶことができるのに。（仮定）

　⇒私は鳥ではないので、自由に空を飛ぶことができません。（事実）

**If it had not rained** yesterday, the baseball game **would have been held**.

　もし昨日雨が降っていなかったら、その野球の試合は行われていただろう。（仮定）

　⇒昨日雨が降っていたので、その野球の試合は行われませんでした。（事実）

☞①や②の表現と関連して、いろいろな仮定法の表現があるので、以下にまとめておきます。

◆ S+wish+主語+仮定法過去／仮定法過去完了「～であれば（あったら）よかったのに」

◆ as if+主語+仮定法過去／仮定法過去完了「まるで～である（あった）かのように」

◆ if it were not/had not been for/but for ～ /without ～「～がなければ（なかったら）」

◆ If+S+should ～, S+助動詞（未来の仮定を示す表現；「仮に～であれば」）

◆ If+S+were to ～, 主語+would/could/might（未来の仮定を示す表現；「万一～であれば」）

☞ 上記の表現の中で最後の2つのものは、「起こる可能性がほとんどない」ことを表すのに用います。

I **wish** I could speak English more fluently.
　もっと流暢に英語を話せればなあ。

Kaori looked **as if** she had a nightmare.
　カオリはまるで悪夢を見ているかのような顔をしていました。

**If it had not been for** your support, our project would not have succeeded.
　もしあなたの支援がなかったら、私たちのプロジェクトは成功しなかっただろう。

If you **should** have any questions, please do not hesitate to contact me.
　もし仮に質問があれば、遠慮なくお問い合わせください。

If the sun **were to** disappear, all living things would die.
　万一太陽がなくなってしまえば、すべての生き物が死んでしまうだろう。

**Q3** 文中にifがなくても仮定法が用いられている文があるのでしょうか。

**A3** 仮定法の文では、if節に代わる表現を用いたり、ifを省略したりすることができます。通常の現在時制の文中にいきなり助動詞の過去形＋原形や助動詞の過去形＋過去完了形が用いられている文に出くわす場合には、とりわけ注意が必要です。以下の例文では、if節の表現は見当たりませんが、下線部にその仮定の意味が隠されています。

**Without/But for** your help, I couldn't have finished the task.
　もしあなたの助けがなかったら、私はその仕事を終えることができなかっただろう。

**In your place**, I would have accepted the offer.
　私があなたの立場だったら、その申し出を受けていたでしょう。

I studied at this university; **otherwise**, I might not have become a teacher.
　私はこの大学で学びました。もしそうでなかったならば、教師になっていなかったかもしれない
　だろう。

**Two weeks ago**, I could not have solved the question.
　2週間前であれば、私はその問題は解けなかっただろう。

**An English native speaker** would not pronounce the word in that way.
　英語のネイティブであれば、その語をそのように発音しないだろう。

if節中のifが省略されると、主語の次に置かれる助動詞やwereなどが文頭に移動することにも注意しましょう。

If I were in your place, I would see a doctor.

→ __Were I__ in your place, I would see a doctor.

　私があなたの立場であれば、医者にかかるでしょう。

If you should have any questions, please do not hesitate to contact me.

→ __Should you__ have any questions, please do not hesitate to contact me.

　仮に質問があれば、遠慮なくお問い合わせください。

__Q4__　なぜ助動詞の過去形が用いられる仮定法の文は、依頼などの丁寧表現を表すのでしょうか。

__A4__　仮定法の文は、事実と異なることを示すため、実際に実現すると思っていない中で、「もし～してもらえるのであれば」というような仮定の意味が明示的に示されていたり、あるいは、含意されていたりして、「（～してもらえると）ありがたいです」や「（～が許されるのであれば）～したい」などの控えめで丁寧な表現となります。

__Would__ you mind if I used your bathroom?

　お手洗いをお借りしてもよろしいでしょうか。

I __would__ appreciate it if you would attend the meeting.

　もしあなたが会議に参加していただけるとありがたいのですが。

I __would__ like something to drink.

　（よろしければ）何か飲み物をいただけますか。

## *Exercises*

1. 次の日本語に合うように、各文の（　　　）の中に適語を入れなさい。　🎧13

(1) 少しの間ペンを借りてもよろしいですか。

　　（　　　）I borrow your pen for a while?

(2) その書類は今日中に提出する必要はありません。

　　You（　　　）（　　　）to submit the document by the end of today.

(3) 彼は誠実な男だから、嘘をつくはずがありません。

　　He is an honest man, so he（　　　）tell a lie.

(4) 雨が降りそうです。傘を持って行ったほうがいいですよ。

　　It looks like it's going to rain. You（　　　）（　　　）take an umbrella.

(5) その映画は面白かったです。あなたも見に行くべきです。

　　The movie was interesting. You（　　　）to go and see it.

(6) 私は寒気がします。風邪を引いたかもしれません。

　　I feel a chill. I（　　　）（　　　）caught a cold.

(7) 彼女の父は昨日家にいたので、その船に乗っていたはずがない。

　　Her father was in his house yesterday, so he （　　　）（　　　）got on the ship.

(8) アイコはとても嬉しそうです。何かいいことがあったにちがいありません。

　　Aiko looks really happy. Something good （　　　）（　　　）happened to her.

(9) 私は頭痛がします。昨夜お酒を飲みすぎるべきではなかったです。

　　I have a headache. I （　　　）not have drunk too much alcohol last night.

(10) ここで待ってもよろしいでしょうか。

　　（　　　）you mind if I wait here?

## 2. 次の日本語に合うように、各文の（　　　）の中に適語を入れなさい。

(1) その荷物がもう少し小さければ、機内に持ち込むことができるのに。

　　If the baggage （　　　）a little smaller, I （　　　）bring it onboard with me.

(2) それをもう1度チェックしていたら、私たちは間違いに気づいたかもしれなかっただろう。

　　If we （　　　）（　　　）it again, we （　　　）（　　　）noticed the mistake.

(3) 今日が金曜日だったらいいのになあ。

　　I （　　　）it （　　　）Friday today.

(4) 彼はまるで何も知らなかったような顔をしています。

　　He looks （　　　）（　　　）he had known nothing.

(5) たとえ太陽が西から昇っても、私はその話を信じません。

　　If the sun （　　　）（　　　）rise in the west, I won't believe the story.

(6) 仮に今回の試験に失敗しても、年末にもう1度挑戦することができます。

　　（　　　）you fail this examination, you can try it again at the end of the year.

(7) もし大学時代に戻れたとしたら、合唱部に入っているだろう。

　　If I （　　　）（　　　）to university days, I would join a chorus club.

(8) その銀行の支援があったならば、その会社は倒産しなかっただろう。

　　（　　　）the bank's support, the company （　　　）（　　　）（　　　）gone bankrupt.

(9) 誰かが予約をキャンセルしました。もしそうでなかったならば、私たちは3枚のチケットを手に入れられなかっただろう。

　　Someone cancelled his reservation; （　　　）, we could not have got three tickets.

(10) 私があなたの立場ならば、そのことに怒ってしまうかもしれません。

　　（　　　）I in your position, I （　　　）get angry with that.

## 3. 次の日本語に合うように、（　　）の中の語を並び替えなさい。ただし、文頭に来るべき語も小文字で示してあります。

(1) あともう10分なかったならば、私たちはそれについて話すことができなかっただろう。

　　(been, another, for, if, it, had, ten, not, minutes), we couldn't have talked about it.

_____

(2) もし地球上から水がなくなれば、誰も生きてはいけないだろう。

　　(earth, to, could, disappear, if, no, on, survive, the, the, water, one, were).

_____

(3) 私は去年大阪に引っ越しました。もしそうでなかったならば、たこ焼きのつくり方は覚えなかっただろう。
I moved to Osaka last year; (to, could, have, I, how, not, otherwise, learned) cook takoyaki.

_____

(4) その探偵はすべてをわかっているように話しています。
(if, everything, he, is, the, talking, knew, as, detective).

_____

(5) お手洗いをお借りしてもよろしいですか。
(bathroom, I, if, mind, use, would, you, your)?

_____

(6) この薬を飲んでいたならば、ずっとよくなっただろうに。
(this, better, have, made, much, medicine, would, you).

_____

(7) 時々自分が生まれて来なかったらなあと思う。
(at, born, I, I'd, never, sometimes, all, wish, been).

_____

(8) 世界を変えられたら、僕の愛情をとてもよいものであると君もわかってくれるだろう。
(the, would, change, I, if, world, could, think, you) my love was really something good.

_____

(9) もしお金があれば、君と住める大きな家を買えるのに。
(a, money, big, buy, had, I, I'd, if, much, house) where we both could live.

_____

(10) もし違う日だったら、違う見方をしていたかもしれないだろう。
(might, day, been, had, I, it, looked, another, have) the other way.

_____


**4. 次の各文を（　　）の中の指示に従って書き替え、全文を日本語に訳しなさい。**

(1) Will you show me the way to the station?（より丁寧な言い方に）

_____

_____

(2) Don't speak Japanese in this room.（mustを用いて）

_____

_____

(3) I'm not an expert, so I don't understand how wonderful the work is.（仮定法を用いて）

_____

_____

(4) I bought a new watch because I worked part-time hard.（仮定法を用いて）

_____

_____

(5) If you should make an error, please let me know.（if節を用いずに）

_____

_____

(6) If it were not for the supervisor's permission, we could not start the new project.（if節を用いずに）

_____

_____

(7) Had it not snowed heavily, we would have been late for the meeting.（if節を用いて）

_____

_____

(8) If I had not left a little earlier, I might have been stuck in traffic.（otherwiseを用いて）

_____

_____

(9) If we had conducted a little more careful investigation, we could have revealed the question.（if節を用いずに単文で）

_____

_____

(10) An honest man would not make excuses.（if節を用いて）

_____

_____


## 5. 次の英文を日本語に訳しなさい。

At just the point where her male counterpart would have fiddled with his cuff, the female special guest reaches across her body with her right hand and slightly shifts the position of her handbag.

**ヒント** ☞ counterpart「それに対応する立場の人」、fiddle with「～をいじる」

## 6. 次の和文を英語に訳しなさい。

彼の娘は半年間アメリカに留学し、とても流暢に英語を話すことができます。そんな短い期間に英語ができるようになったはずがありません。

**ヒント** ☞ canには「～できる」と「～のはずである」という2つの意味があることに注意して、訳してみましょう。

# UNIT 13 話法

## Review Practice

前のUNITでは、助動詞と仮定法について学びました。下線部に注意しながら、次の各文を日本語に訳しなさい。

(1) I appreciate it if you **would check** the documents.

_____

(2) The new staffs **cannot have known** the rule.

_____

(3) If they had used a dictionary, they **could have finished** the assignment soon.

_____

(4) The customer **should have carefully listened** to the store's explanation.

_____

(5) **Should the man die**, his daughter would inherit all his property.

_____

## Introduction

このUNITでは、人の言ったことを伝える方法である話法を学びます。言った言葉をそのまま引用符を用いて伝えるものを直接話法と言います。また、伝達する人の言葉に直して伝える方法を間接話法と言います。

(a) The teacher said to us, "The next question is really difficult."
(b) The teacher told us that the following question was really difficult.

(a) と (b) はどちらも「先生が私たちに次の問題は難しいと言った。」という同じ内容を表していますが、(a) はその先生の言葉をそのまま伝えている直接話法の文であるのに対し、(b) はこの文を伝える人に沿った表現が用いられている間接話法の文です。(a) と (b) では、主語や動詞の形などの置き換えが生じ、この置き換えについて理解できていないと、リーディングにおける誤読などにつながってしまいます。このUNITでは、直接話法と間接話法の書き換えにおけるルールを学びます。

# *Check*

ここでは、直接話法と間接話法の対応関係について、以下の表にまとめています。直接話法は、発言した人の言葉をそのまま伝えるので、臨場感があり、発言した人の気持ちなどが伝わりやすく、小説や新聞、ニュース放送などで用いられることが多いです。一方、会話などでの発言をそのまま伝えると稚拙に聞こえてしまいがちなため、直接話法を避けて、間接話法を用いることが多いです。そのため、伝える人がその発言をどのように解釈しているのかがよくわかります。

| | 直接話法 | 間接話法 |
|---|---|---|
| 特徴 | 人の言った言葉をそのままの形で引用して述べる。 | 人の話を伝える側の言葉に直して述べる。 |
| 例 | Nagisa said to Kazuki, "I am not feeling well today." | Nagisa told Kazuki that she was feeling well that day. |
| 主な使用する目的 | 小説、新聞、ニュース放送など | 日常会話など |

以降、このUNITで詳しく説明していきますが、AがBに対して何らかの発言を行った際、直接話法と間接話法でどのように表現すべきかについて、以下の表にまとめています。

| 直接話法 | 間接話法 |
|---|---|
| A says to B, "平叙文" | A tells B that S+V ~ |
| A says to B, "Yes-No疑問文" | A asks B if [whether] S+V ~ |
| A says to B, "5W1H疑問文" | A asks B 間接疑問文 |
| A says to B, "命令文" | A tells B to 動詞の原形~ |
| A says to B, "Let's ~ " | A proposes to B that S (should) 動詞の原形~ |

# *Grammar Review*

**Q1** 直接話法と間接話法で動詞の形が変わるのはなぜですか？

**A1** 複文では、時制の一致という原則が適用されるからです。主節の時制が基準となって、従属節の動詞の形が変わってきます。

まず、時制の一致という原則について説明しましょう。

I know that Mike is angry at the news.
　私はマイクがそのニュースを聞いて**怒っている**ことを**知っています**。

この文の主節の動詞を過去形にすると、以下のような文になります。

I knew that Mike was angry at the news.
　私はマイクがそのニュースを聞いて**怒っている**ことを**知っていました**。

ここでは、that節（従属節）の中の時制も主節が過去形になったのに合わせて、過去形で示されることになります。ただし、日本語訳では、文末の「知っています」あるいは「知っていました」が異なることになります。従属節内において、このように、主節の動詞の時制の変化に応じて、従属節の動詞の時制も変化させることを時制の一致と呼びます。

また、主節の動詞が現在形で、従属節の動詞が現在完了形あるいは過去形の場合には、日本語訳で同じ現象が生じますが、従属節の動詞の時制が過去完了形で示されることになります。

Kana **knows** that Masashi **has lived / lived** in Hiroshima.
　カナはマサシが広島に**住んでいた**ことを**知っています**。
　　　　　　　　　↓
Kana **knew** that Masashi **had lived** in Hiroshima.
　カナはマサシが広島に**住んでいた**ことを**知っていました**。

なお、真理やことわざに加えて、現在も変わらない事実、習慣、習性については、主節の時制にかかわらず、常に現在形で表され、また、歴史上の事実については、常に過去形で表され、時制の一致の原則は適用されません。

Takashi said that he **jogs** every day.
　タカシは毎日ジョギングをしていると言いました。
We learned that the U.S. **declared** themselves independent in 1776.
　私たちはアメリカが1776年に独立を宣言したと学びました。

**Q2** 直接話法から間接話法に書き換える際、どのような置き換えのルールがありますか？
**A2** 一般的には、引用符の内容をthat節で受け、時制の一致の原則を適用します。また、伝達者の目線から見た代名詞や時、場所の副詞に注意しましょう。時、場所の副詞については、下の表を参照してください。

【平叙文の場合】
例1：
(a) Yuki said, "**I moved** to Kumamoto last year ."

(b) Yuki said that she had moved to Kumamoto the previous year .

①伝達者から見たとき、(a) のIは、(b) では主語を指すsheに変わります。
②引用符内の動詞の時制が過去形なので、それに合わせて、過去完了形に変わります。
③時を表す表現も、それにふさわしい表現に変わります。

例2：

(a) The teacher **said to us**, " The next question **is** really difficult."

(b) The teacher **told us** that the following question **was** really difficult.

①伝達動詞については、伝える内容に応じた動詞に変わります。

②時を表す表現も、それにふさわしい表現に変わります。

③従属節内の動詞は、時制の一致の原則によって変わります。

◆　間接話法に書き換える際の時・場所の副詞

- this / these / here → that / those / there
- now → then
- next ~ → the next ~, the following ~
- tomorrow → the next day, the following day
- yesterday → the day before, the previous day

- today → that day
- ~ ago → ~ before
- last → the ~ before, the previous ~

【疑問文の場合】

引用符内が疑問文のときは、askを用いて書き換えます。5W1Hの特殊疑問文の場合は、疑問詞をそのまま用いて、以下の語順を間接疑問文と同じにします。また、Yes-Noを尋ねる一般疑問文の場合は、ask＋人＋if [whether] S+V~となります。

例1：

(a) Kei **said to** me, "**Where do you live?**"
ケイは私に「あなたはどこに住んでいるの。」と言いました。

(b) Kei **asked** me **where I lived**.
ケイは私にどこに住んでいるかを尋ねました。

例2：

(a) Mr. Maruyama **said to** me, "**Are you free today?**"
マルヤマさんは私に「今日は暇ですか。」と言いました。

(b) Mr. Maruyama **asked** me **if I am free that day**.
マルヤマさんは私にその日は暇かと尋ねました。

【命令文の場合】

引用符内が命令文や感嘆文の場合は、以下のように書き換えます。

例1：

(a) The waiter **said to us**, "**Please take** off your shoes."
ウェイターが私たちに「靴を脱いでください。」と言いました。

(b) The waiter **asked us to take** off our shoes.

　　ウェイターが私たちに靴を脱ぐように頼みました。

☞命令の内容に応じて、order, advise, tellも用いることができます。


例2：

(a) The office clerk **said to us**, "**Don't enter** this room now."

　　その事務員は私たちに「今この部屋には入らないでください。」と言いました。

(b) The office clerk **told us not to enter** that room then.

　　その事務員は私たちにそのときに部屋には入らないように伝えました。


【勧誘文の場合】

(a) Hitomi **said to us**, "**Let's go** on a picnic."

　　ヒトミは私たちに「ピクニックに行きましょう。」と言いました。

(b) Hitomi **proposed/suggested to us that we (should) go** on a picnic.

　　ヒトミは私たちにピクニックに行くことを提案しました。

☞なお、that節の中のshouldはほとんど省略され、原形が用いられます。


【感嘆文の場合】

(a) John **said**, "How wonderful life is!"

　　ジョンは「人生はなんて素晴らしいのだろう。」と言いました。

(b) John **exclaimed** how wonderful life was.

　　ジョンは人生は素晴らしいものだと感嘆しました。

☞exclaimのほかに、感嘆の程度に合わせて、say, tell, cry (out), sighなどを用いることができます。


【重文の場合】

引用符内が重文としてつながれている場合、間接話法に書き換える際には、接続詞の後にthatをつけることを忘れないでおきましょう。


(a) Misa **said to** me, "I want to join the event, but I will be on a business trip."

　　ミサは「そのイベントに参加したいが、出張があります。」と言いました。

(b) Misa **told** me (that) she wanted to join the event but **that** she would be on a business trip.

　　ミサはそのイベントに参加はしたいが、出張があると伝えました。


【種類の異なる2文の場合】

引用符内が種類の違う2つの文でつながれている場合、今までと同様に、それぞれの文に応じた伝達動詞を使いましょう。


(a) Brian **said to** me, "I can't hear you well. Please speak more slowly."

　　ブライアンは「よく聞きとれませんでした。もっとゆっくり喋ってください。」と言いました。

(b) Brian **told** me that he couldn't hear me well and **asked** me to speak more slowly.
ブライアンはよく聞きとれないことを伝え、もっとゆっくり喋るように頼みました。


## *Exercises*

1. 次の日本語に合うように、各文の（　　　）の中に適語を入れなさい。 🎧 14

(1) コウキは「来週東京に引っ越します。」と言いました。
Koki said, "I am going to move to Tokyo next month."
Koki said that (　　　) (　　　) going to move to Tokyo the (　　　) month.

(2) セイジは私に「その会議に参加しますか。」と言いました。
Seiji said to me, "Will you attend the meeting?"
Seiji (　　　) me (　　　) you (　　　) attend the meeting.

(3) 彼は私たちに「芝生の上に座らないで。」と言いました。
He said to us, "Don't sit on the grass."
He (　　　) us (　　　) (　　　) sit on the grass.

(4) ミユは「彼の送別会を開きましょう。」と言いました。
Miyu said, "Let's hold a farewell party for him!"
Miyu (　　　) that (　　　) hold a farewell party for him.

(5) ヨシダさんは「なんて素晴らしい映画なんだ。」と言いました。
Mr. Yoshida said, "What an interesting movie this is!"
Mr. Yoshida (　　　) what an interesting movie (　　　) (　　　).

(6) その教授は「先週もこのレストランで食事をしました。」と言いました。
The professor said, "I had a meal at this restaurant last week."
The professor said that(　　　)(　　　)(　　　)a meal at(　　　)restaurant (　　　)
(　　　) (　　　).

(7) スガワラ先生は私に「どちらの陳述が正しいでしょうか。」と言いました。
Mr. Sugawara said to me, "Which statement is true?"
Mr. Sugawara (　　　) me (　　　) statement (　　　) true.

(8) アイは店員に「どこでクーポンを受け取れますか。」と言いました。
Ai said to the store clerk, "Where can I get a coupon?"
Ai (　　　) the store clerk (　　　) (　　　) (　　　) get the coupon.

(9) ヤマダ先生は私たちに「来週その本を持ってきてください。」と言いました。
Mr. Yamada said to us, "Bring the book next week."
Mr. Yamada (　　　) us (　　　) (　　　) the book (　　　) (　　　) (　　　).

(10) オカダさんは私たちに「数分間休憩しましょう。」と言いました。
Mr. Okada said to us, "Let's take a break for a few minutes."
Mr. Okada (　　　) that (　　　) (　　　) a break for a few minutes.

**2. 次の日本語に合うように、各文を間接話法の文に書き換えなさい。**

(1) ネビン氏は「これは世界で1番素晴らしいゲームです。」と言いました。
Mr. Nevin said, "This is the greatest game in the world."

_____

(2) ショウタは私に「明日から妻と沖縄へ旅行に行きます。」と言いました。
Shota said to me, "I will travel Okinawa with my wife tomorrow."

_____

(3) トモヤスは私に「タカハシ先生の講義を受けていますか。」と言いました。
Tomoyasu said to me, "Do you take Mr. Takahashi's lecture?"

_____

(4) 私の祖父は私に「いつ戻ってきたのか。」と言いました。
My grandfather said to me, "When did you come back?"

_____

(5) その冊子には私たちに「次の指示があるまで次のページを読まないでください。」と書いてありました。
The booklet said to us, "Don't read the next page until you receive the direction."

_____

(6) その講師は私たちに「今から環境問題について議論しましょう。」と言いました。
The instructor said to us, "Let's discuss the environmental issues from now."

_____

(7) ハットリさんは私に「今日は本当に暑い日ですね。」と言いました。
Mr. Hattori said to me, "What a really hot day it is today!"

_____

(8) マユは私に「今までロックに興味はなかったが、好きになってきました。」と言いました。
Mayu said to me, "I was not interested in rock music, but I've come to like it."

_____

(9) タカヒロは私に「体調がよくなく、しばらく1人にしてもらいたい。」と言いました。
Takahiko said to me, "I am not feeling well. Please leave me alone for a while."

_____

(10) タカシは私たちに「もし冷蔵庫でしばらく冷やしたら、それは美味しくなるでしょう。」と言いました。
Takashi said to us, "Chill it in the fridge for a while, and it can taste better."

_____

**3. 次の日本語に合うように、各文を直接話法の文に書き換えなさい。**

(1) ヒナコは警察官に彼に3年前に会いましたと言いました。
Hinako told the policeman that she had met him three years before.

_____

(2) カオリは私に助けてほしいと言いました。

Kaori told me that she needed my help.

___

(3) リサは私にその美術館に行きましたかと聞きました。

Lisa asked me if I had visited that art museum.

___

(4) 医者は自分の患者に規則正しい生活をするようにと忠告しました。

The doctor advised his patient to live a disciplined life.

___

(5) 叔母は彼にその箱を開けてはいけないと命じました。

His aunt told him not to open the box.

___

(6) コバヤシさんは私たちに翌月のロックのコンサートに行こうと提案しました。

Ms. Kobayashi proposed to us that we go to a rock band concert next month.

___

(7) カズキはその日はとても悪い日だと嘆息しました。

Kazuki exclaimed what a bad day it was that day.

___

(8) ナミは私に前日にテレビでサッカーを観たと言いました。

Nami told me that she had watched a soccer game on TV the previous day.

___

(9) 彼は私に成功したければ、もっと努力しなければいけないと言いました。

He told me that I had to try harder if I wanted to succeed.

___

(10) アンドリューは彼の姉に宿題が終わらないので手伝ってほしいと頼みました。

Andrew told his sister that he couldn't finish his homework and asked her to help him.

___

## 4. 次の英文を日本語に訳しなさい。

BCC chief economist David Kern said that the results were positive given that there had been fewer working days in the quarter but admitted that the outlook was uncertain.

**ヒント☞** 間接話法の文章ですが、日本語としては直接話法の文章のように訳すと、よりわかりやすくなります。

## 5. 次の和文を英語に訳しなさい。

彼は自分の言っていることをまったくわかっていなかったと私は思います。というのも、私が彼に

どんな仕事をしているのかと尋ねた際、適切な返答でないと悟る前に、彼は「それは私の問題だ」と答えたからでした。

**ヒント** 👉 日本語に応じて、直接話法と間接話法を使い分けて、訳しましょう。

# UNIT 14 接続の方法

## *Review Practice*

前のUNITでは、話法について学びました。次の各文について、直接話法の文は間接話法に、間接話法の文は直接話法に書き換えなさい。

(1) The doctor said to him, "Take the medication as prescribed."

_____

(2) The teacher told us to complete the assignment by the end of the week.

_____

(3) My friend mentioned that she was planning a trip to Europe next summer.

_____

(4) They asked her, "Can you help us move the furniture?"

_____

(5) He said, "Let's take a rest."

_____

## *Introduction*

このUNITでは、接続の方法について学びます。語、句、節を結びつけることを接続と言い、主に、その働きを担うものは接続詞です。接続詞には、対等の関係にある語、句、節を結ぶ等位接続詞と一方が他方に従属する形で結ぶ従位接続詞があります。その他の接続の方法には、UNIT 9で学習したように、分詞を用いて、時、原因・理由、条件、目的、結果、譲歩、付帯状況などを表す副詞節の働きをする分詞構文があります。

(1) 等位接続詞
等位接続詞は、形式的にも意味的にも対等の関係にある語、句、節をつなげます。等位接続詞には、and, or, but, for, yetなどがあります。

The door of Henry's lunchroom opened, **and** two men came in.
　ヘンリー食堂のドアが開いて、男が2人入ってきました。
They have been dating for years, **yet** they haven't discussed marriage.
　彼らはもう何年もつきあっていますが、結婚については話し合っていません。

(2) 従位接続詞
従位接続詞は、節と節を主従の関係で結びつけます。従位接続詞には、主語、目的語、補語、同格

の働きをする名詞節を導くthat, whether, ifなどの接続詞と時、原因・理由、条件、目的、結果、譲歩などの意味を表す副詞節を導く接続詞があります。

I told you **that** she wouldn't be able to make it to the meeting today.（名詞節を導く）
　彼女は今日の会議には間に合わすことはできないだろうと私はあなたに言いました。
Three people were killed **when** a severe storm caused a tree to fall onto their house.
（副詞節を導く）
　激しい嵐で木が家の上に倒れ、3人が死亡しました。

☞複数の語句がいっしょになって全体として接続詞の働きをするものがあり、相関接続詞と呼ばれます。

The movie was **not only** entertaining **but also** thought-provoking.
　映画は面白いだけでなく、考えさせられるものでした。
**Either** she goes **or** I do.
　彼女が出て行くか、私が出て行くかのどちらかです。
**Whether** they support the new policy **or** oppose it, everyone's opinion should be heard.
　新政策を支持するにしても反対するにしても、すべての人の意見を聞くべきです。

(3) 分詞構文
UNIT 9で詳しく学んだように、分詞構文は、分詞が接続詞と動詞の働きを兼ね、分詞を含む句がさまざまな意味を表す副詞的な働きをします。分詞構文の表す「時」が主節より前の場合は、完了形が用いられます。また、分詞を打ち消す場合には、否定詞は分詞の前に置かれます。なお、分詞構文の中には、beingやhaving been が省略されて、過去分詞の形で始まるものもあります。

## *Check*

これまで勉強してきた不定詞、ing形、ed形、接続詞や関係詞について、名詞的な働きをする場合、形容詞的な働きをする場合、副詞的な働きをする場合の文法機能的な観点でまとめると、以下の表のようになります。このうち、接続に関係するのは、ing形とed形の分詞構文と接続詞や関係詞のところです。UNIT 10で学んだように、関係詞（関係代名詞や関係副詞など）も2つの文を接続する働きをしています。

| | 不定詞 | ing形 | ed形 | 接続詞や関係詞 |
|---|---|---|---|---|
| 名詞的な働き | He decided **to study abroad**. （彼は留学することに決めました。） | I've just finished **reading the assignment** for the class. （私は授業の宿題を読み終えたところです。） | | **That Ken is clever** is obvious. （ケンが賢いことは明らかです。） |
| | 形容詞的用法 | 現在分詞 | 過去分詞 | 関係詞を使った文 |
| 形容詞的な働き | He is the last man **to do such a thing**. （彼は決してそんなことをする人ではないです。） | That was a **surprising** announcement. （それは意外な発表でした。） | The policeman pointed to the **broken** window. （警官は割れた窓を指さしました。） | The man **who broke into the next house** has been arrested. （隣の家に侵入した男が逮捕されました。） |
| | 副詞的用法 | 分詞構文 | 分詞構文 | 接続詞を使った文 |
| 副詞的な働き | I went to the airport **to see my friend off**. （私は空港に友人を見送りに行きました。） | **Entering the room**, I found a stranger waiting for me. （私が部屋に入ると、見知らぬ男が待っていました。） | **Written in plain English**, this book is easy to read. （平易な英語で書かれているので、この本は読みやすいです。） | **When I entered the room**, he was reading a book. （私が部屋に入ると、彼は本を読んでいました。） |

# *Grammar Points*

**Q1** 英文にthatが出てきた場合に、それぞれがどのような意味になるのかがよくわかりません。どのような用法があるのかをまとめてもらえませんか。

**A1** thatが接続詞として使われる場合、thatの後に完全な文が続きます。that節には、主に、2種類あります。（a）名詞節になるthat節と（b）副詞節になるthat節です。さらに、名詞節になるthat節には、主語になるもの、目的語になるもの、補語になるもの、同格になるものがあります。

（a）名詞節になる that 節

<u>That he went there</u> was evident. （that節が主語）

　彼がそこに行ったことは明らかでした。

She believes <u>that a black cat is a sign of good luck</u>. （that節が目的語）

　彼女は黒猫が好運の現われだと信じています。

The point is <u>that education is the key to breaking the cycle of poverty</u>. （that節が補語）

　要は、貧困の連鎖を断ち切るためには、教育が重要であるということです。

The news <u>that he passed the exam</u> spread quickly among his friends. （that節がthe newsと同格）

　彼が試験に合格したという知らせは友人たちの間で瞬くうちに広まりました。

☞that節が同格節になる場合、関係代名詞のthatとの見分けに注意しましょう。以下の例文では、

that節が同格節になる場合には、that節が完全な文になっていますが、関係代名詞のthatを含む場合は、たとえば、目的語がない不完全な文です。その部分を補っているのが関係代名詞のthatということになります。

The fact **that** he knew the news spread quickly.（同格のthat）
　彼がその知らせを知ったという事実はすぐに広まりました。
The fact **that** he knew spread quickly.（関係代名詞のthat）
　彼が知った事実はすぐに広まりました。


（b）副詞節になるthat節
that節は文の中で副詞的な役割をすることもできます。これには、判断の根拠を表す場合、また、so/such ~ that構文、so that~構文などで結果や目的を表す場合があります。

She must be very kind **that** she did such a thing.（that節が判断の根拠）
　そんなことをしたなんて、彼女はとても親切にちがいありません。
The ring was so expensive **that** I couldn't buy it.（that節は結果を表す）
　その指輪はとても高価だったので、私は買えませんでした。
Can you please turn up the volume **so that** I can hear the music better?（that節は目的を表す）
　音楽をよく聴こえるように、音量を上げてもらえませんか？


**Q2**　分詞構文が節と節を接続する働きがあり、接続詞と動詞の働きを兼ねるということを学びましたが、分詞構文の用いられる位置について解説してください。
**A2**　すでに学んだように、分詞構文は、「時」、「原因・理由」、「条件」、「目的」、「結果」、「譲歩」、「付帯状況」などの意味を表します。分詞構文の部分は、接続詞を使って同じような意味が表されるので、分詞構文は副詞節のような働きをもち、かつ、節と節を接続させる働きがあると考えてよいでしょう。以下、復習として、分詞構文と接続詞を使ったペアを確認してください。


**When I entered the room**, I found a stranger waiting for me.
Entering the room, I found a stranger waiting for me.（時）
　私が部屋に入ると、見知らぬ人が私を待っていました。
**If she is left alone**, the baby will begin to cry.
(Being) Left alone, the baby will begin to cry.（条件）
　1人ぼっちにされると、その赤ん坊は泣き出すでしょう。
**As I had failed twice**, I didn't want to try again.
Having failed twice, I didn't want to try again.（理由）
　2度も失敗していたので、私はもう1度やりたくありませんでした。


分詞構文が主節の前にある場合（前位）や主節の主語と動詞の間にある場合（中位）は、全体の意味に合わせて、「～すると」、「～なので」などの日本語に訳すことができる場合が多いです。

**Working diligently**, she completed the project ahead of schedule.

　　真面目に取り組んで、彼女は予定より早く完成させました。

The book, **written by a famous author**, became an instant bestseller.

　　その本は、有名な作家によって書かれたので、瞬く間にベストセラーになりました。

一方で、分詞構文が主節の後にくる場合（後位）は、「そして～する」や「～しながら」というように、追加的にあるいは付随的に訳すといいでしょう。

I found one of my friends at the party, **talking** to him.

　　私はパーティーで友達を見つけて、そして彼に話しかけました。

I was running in the park, **listening** to the music.

　　私は音楽を聴きながら、公園を走っていました。

**Q3**　接続詞のasにはいろいろな意味があり、解釈に迷うときがあります。どのように意味をとったらいいのでしょうか。

**A3**　接続詞のasには多くの意味があります。（前置詞としてのasにも、「～のとき」や「～として」という意味があることにも注意してください。）もともと、asは「～と同じくらい」や「～のように」という意味を表しますが、文脈に応じて、(1) 時「～するとき」、(2) 譲歩「～ではあるけれども」、(3) 理由「～なので」、(4) 様態「～のように」、(5) 比例「～するにつれて」の意味があります。

(1) **As** I entered the house, it began to rain.（時）

　　私が家に入ると、雨が降り始めました。

(2) Young **as** he is, he is very thoughtful.（譲歩）

　　彼は若いですが、とても思慮深いです。

☞Youngが文頭に置かれ、倒置されています。倒置されたときは「～ではあるけれども」という意味になります。

(3) **As** I had a headache, I was absent from school.（理由）

　　私は頭痛がしたので、学校を休みました。

(4) When in Rome, do **as** the Romans do.（様態）

　　ローマにいるときは、ローマ人のするようにしなさい。（郷に入れば、郷に従え。）

(5) **As** we grow older, our memory becomes weaker.（比例）

　　私たちは年をとるにつれて、記憶力が弱くなります。

## *Exercises*

1. 分詞構文を含んだ次の各文を接続詞を用いた文に書き換えなさい。

(1) Being impressed by Daniel's work, the teacher gave him the highest mark.

＿＿＿＿＿＿＿＿＿＿＿＿＿＿＿＿＿＿＿＿＿＿＿＿＿＿＿＿＿＿＿

(2) She stood at the corner talking to her friends.

＿＿＿＿＿＿＿＿＿＿＿＿＿＿＿＿＿＿＿＿＿＿＿＿＿＿＿＿＿＿＿

(3) Not wanting to lose my passport, I gave it to my father.

＿＿＿＿＿＿＿＿＿＿＿＿＿＿＿＿＿＿＿＿＿＿＿＿＿＿＿＿＿＿＿

(4) She lay in her bed weeping bitter tears.

＿＿＿＿＿＿＿＿＿＿＿＿＿＿＿＿＿＿＿＿＿＿＿＿＿＿＿＿＿＿＿

(5) Waiting in the hall, he overheard a conversation.

＿＿＿＿＿＿＿＿＿＿＿＿＿＿＿＿＿＿＿＿＿＿＿＿＿＿＿＿＿＿＿

(6) Hearing the good news, my sister wanted to cry.

＿＿＿＿＿＿＿＿＿＿＿＿＿＿＿＿＿＿＿＿＿＿＿＿＿＿＿＿＿＿＿

(7) Not knowing what to say, I remained silent.

＿＿＿＿＿＿＿＿＿＿＿＿＿＿＿＿＿＿＿＿＿＿＿＿＿＿＿＿＿＿＿

(8) The children went from house to house playing trick or treat.

＿＿＿＿＿＿＿＿＿＿＿＿＿＿＿＿＿＿＿＿＿＿＿＿＿＿＿＿＿＿＿

(9) There being no vacant seat in the bus, I kept standing.

＿＿＿＿＿＿＿＿＿＿＿＿＿＿＿＿＿＿＿＿＿＿＿＿＿＿＿＿＿＿＿

(10) Not having studied hard enough for his exam, Brian couldn't pass it.

＿＿＿＿＿＿＿＿＿＿＿＿＿＿＿＿＿＿＿＿＿＿＿＿＿＿＿＿＿＿＿

2. 次の各文のasを含む下線部に注意して、全文を日本語に訳しなさい。

(1) **As I mentioned earlier**, we will have a meeting tomorrow.

＿＿＿＿＿＿＿＿＿＿＿＿＿＿＿＿＿＿＿＿＿＿＿＿＿＿＿＿＿＿＿

(2) **As you can see**, the project is progressing smoothly.

＿＿＿＿＿＿＿＿＿＿＿＿＿＿＿＿＿＿＿＿＿＿＿＿＿＿＿＿＿＿＿

(3) **As he grew older**, he became more independent.

＿＿＿＿＿＿＿＿＿＿＿＿＿＿＿＿＿＿＿＿＿＿＿＿＿＿＿＿＿＿＿

(4) **As we walked through the forest**, we heard the sound of birds chirping.

＿＿＿＿＿＿＿＿＿＿＿＿＿＿＿＿＿＿＿＿＿＿＿＿＿＿＿＿＿＿＿

(5) **As she finished her presentation**, the audience applauded.

＿＿＿＿＿＿＿＿＿＿＿＿＿＿＿＿＿＿＿＿＿＿＿＿＿＿＿＿＿＿＿

(6) **As the rain poured down**, we took shelter under a tree.

＿＿＿＿＿＿＿＿＿＿＿＿＿＿＿＿＿＿＿＿＿＿＿＿＿＿＿＿＿＿＿

(7) <u>As it turned out</u>, she had already made the reservations.

_____

(8) He left the party early, **as he wasn't feeling well**.

_____

(9) <u>As she opened the door</u>, a burst of cold air rushed in.

_____

(10) **Intelligent as he is**, he still struggles with math.

_____


3. 次の各文の下線部のthatについて、①接続詞の名詞的用法、②接続詞の副詞的用法、③関係代
名詞のうちどれであるかを指摘し、全文を日本語に訳しなさい。

(1) The theory is **that** innovation drives economic growth and progress. [      ]

_____

(2) He must be very patient **that** he waited for hours without complaining. [      ]

_____

(3) You are the only candidate I know **that** can dance but not sing. [      ]

_____

(4) **That** the storm was approaching was evident by the dark clouds overhead. [      ]

_____

(5) The information **that** she received from her friend turned out to be false. [      ]

_____

(6) Many cultures have the belief **that** carrying a rabbit's foot brings good luck. [      ]

_____

(7) Can you please stand still so **that** I can take a clear photograph? [      ]

_____

(8) He thinks **that** eating an apple a day keeps the doctor away. [      ]

_____

(9) The novel did not have the popularity in England **that** it had in America. [      ]

_____

(10) Some individuals are of the opinion **that** wearing a specific color brings positive
energy. [      ]

_____


4. 次の各文の下線部の接続詞に注意して、全文を日本語に訳しなさい。

(1) You can borrow my car **as long as** you promise to bring it back by 8 p.m.

_____

(2) **As far as** I'm aware, the meeting has been rescheduled to next week.

_____

(3) I was watching the television, **when** suddenly the lights went out.

_____

(4) She didn't realize her mistake **until** it was pointed out to her by her colleague.

_____

(5) The job requires strong analytical skills **as well as** excellent communication abilities.

_____

(6) Hard **though** he tried, nothing changed.

_____

(7) She is circulating rumors **that** the manager is going to resign.

_____

(8) She studied diligently so **that** she could pass the exam with flying colors.

_____

(9) We can **either** go skiing in the mountains **or** relax on the beach for our vacation.

_____

(10) Ask yourself whether you are happy, **and** you cease to be so.

_____

## 5. 次の英文を日本語に訳しなさい。

Harry put the plates of egg and bacon on the table, which was difficult as there wasn't much room. Dudley, meanwhile, was counting his presents. His face fell. "Thirty-six," he said, looking up at his mother and father. "That's two less than last year."

**ヒント** ☞ 前文の内容を指す関係代名詞のwhichや分詞構文によって文がつなげられていることに注意して、訳してみましょう。

## 6. 次の和文を英語に訳しなさい。

彼女がその会社を突然辞めたというニュースを聞きました。ヘッドハンティングされたのだろうと思います。

**ヒント** ☞ the newsの後に同格のthatを用いましょう。

# UNIT 15 主語の見つけ方

## Review Practice

前のUNITでは、文の接続について学びました。下線部に注意しながら、次の各文を日本語に訳しなさい。

(1) <u>Having finished his work early</u>, Chris decided to go for a walk.

_____

(2) <u>Startled by the loud noise</u>, the cat jumped off the sofa.

_____

(3) They decided to cancel the picnic <u>as the weather forecast predicted heavy rain</u>.

_____

(4) The old woman stood up, <u>with tears running down her face</u>.

_____

(5) I was reading an e-book on a computer, <u>when I heard a strange noise outside</u>.

_____

## Introduction

このUNITでは、英文の基本的な構造を理解するために重要な主語のいろいろな側面について学びます。文とは、語が集まって、1つのまとまった意味を表すもので、一般に、文の主題として働く主語と主語について何かを述べる部分（述部）とに分かれます。英文を正確に読んだり、書いたりするために、まず、主語が何であり、文の中でどんな働きをしているかを見極めることが大切です。

（1）主語になるもの
主語になるものは、名詞としての働きをする語句です。主語になるものには、名詞、代名詞のほか、動名詞、to不定詞、名詞節などがあります。基本的には、平叙文の場合、文の最初にくる名詞的要素が主語になります。

**Reading books** widens your mind. （動名詞）
　　本を読むことはあなたの心を広げてくれます。
**To lose weight** requires tremendous effort and willpower. （不定詞）
　　体重を落とすには、多大な努力と意志の強さが必要です。
**That John visited Mary** was very surprising. （名詞節：that節）
　　ジョンがメアリーを訪れたことはとても驚きでした。

**Whether he will succeed or not** depends on his efforts. (名詞節：wh節)

　彼が成功するかどうかは自身の努力にかかっています。

（2）無生物の主語

英語は日本語に比べて、名詞的な表現が多く用いられ、日本語にはあまり見られない無生物を主語にする文があります。この構文では、主語として、時、原因・理由、条件などを表す名詞が用いられます。日本語では副詞的に表現されます。

**A 30-minute walk a day** will help maintain your health.

　1日30分歩くことで、健康を維持することができます。

**Failure to obey the rules** can result in accidents that could otherwise be avoided.

　ルールを守らないと、本来なら避けられるはずの事故が起きてしまうこともあります。

## *Check*

ここでは、主語に関するチェックポイントを整理してみましょう。①平叙文では、文の最初の名詞的要素が主語になります。その際、②主語はさまざまな方法で修飾されるので、どれが主要な名詞的要素であるかを見極めることが大切です。③英語には、主語に合わせて動詞の形が変わる一致という現象があります。④主語になれるのは、名詞、代名詞、動名詞、to不定詞、節などの名詞的要素になりうるものです。⑤英語では主語にitがくる場合が多くあります。itが指す意味的な内容が後に続く場合、解釈に注意が必要です。

| | |
|---|---|
| ①最初の名詞的要素が主語になる | <u>I</u> can type 50 words a minute.（私は1分間に50語タイピングができます。） |
| | When <u>I</u> arrived at the station, **the last train** had already left.（私が駅に着いたとき、最終列車はすでに出発していました。） |
| | I＝従属節の主語；the last train＝主節の主語。 |
| ②主語はさまざまに修飾される | **The doctor that I was hoping to see** wasn't on duty.（私が診察を希望していた医師は当直ではありませんでした。） |
| | The doctorがthat以下の関係詞節によって修飾されている。 |
| | **The cat on the roof** is afraid of heights.（屋根の上の猫は高いところを怖がっています。） |
| | the catがon the roof によって修飾されている。 |
| ③主語と動詞の一致 | **The woman I am** secretly in love with **works** at a bank.（僕が密かに恋している女性は銀行に勤めています。） |
| | The womanとworksが一致；Iとamが一致。 |

| | |
|---|---|
| ④主語になれる要素 | The dog under the table is begging for food. （名詞）（テーブルの下の犬が餌をねだっています。） |
| | He was playing the guitar. （代名詞）（彼はギターを弾いています。） |
| | Studying the night before an exam is crucial for success. （動名詞）（試験前夜の勉強は、成功のために極めて重要です。） |
| | To learn a new language requires patience and dedication. （to不定詞）（新しい言語を習得するには、忍耐と献身が必要です。） |
| | That she didn't show up at the party was quite unexpected. （節）（彼女がパーティーに現れなかったのは、まったく予想外でした。） |
| | Whether she loves him or not is a question only she can answer. （節）（彼女が彼を愛しているかどうかは、彼女にしか答えられない質問です。） |
| ⑤itの主語 | It is snowing. （天候）（雪が降っています。） |
| | It is 10 o'clock. （時間）（10時です。） |
| | It is impossible to fully understand the complexities of the human mind.（人間の心の複雑さを完全に理解することは不可能です。） |
| | It＝to fully understand the complexities of the human mind |

## *Grammar Points*

**Q1** Unit 3でも学びましたが、There is/are ～やHere is/are ～などの文の主語は何ですか。

**A1** この構文において、thereやhereは文の主語とは考えられていません。なぜなら英語の主語は動詞と数の一致があるからです。したがって、There is/are ～やHere is/are ～の構文では、動詞の後にくるものが主語であると考えるとよいでしょう。なお、There is/are ～の後には、話し手と聞き手で共有されていない新情報がきます。したがって、通常は、There is/are ～の後に、theのつく名詞や所有格がつく名詞は用いられません。

There are so many useful **recipes** in this magazine.
　この雑誌には役に立つレシピがたくさんあります。
Here is your room **key**.
　こちらがお客様の部屋の鍵です。

また、There is/are～の構文で後続の要素を従えている場合、There is/are～の後の名詞に対して、その中身の内容を詳しく述べています。

There is no possibility **of his coming now**. （何の可能性なのかを述べている。）
　彼が今やってくる可能性はまったくありません。
There are some reasons **to believe that he is innocent**. （何に対する理由なのかを述べている。）
　彼が無実だと信じるいくつかの理由があります。

☞例外的に、「リスト文」と呼ばれる項目を列挙する場合には、the+名詞の表現が用いられます。このような場合、複数の名詞がきても、there's ～となることが一般的です。

There's the shopping mall, the wine museum, and the waterpark.
　（その町の見所を聞かれて）ショッピングモールもありますし、ワイン博物館、また、ウォーターパークもあります。

☞次の例でもThere is ～の後にthe+名詞が使われていますが、「存在を示すthere is/areの構文」ではなく、「ほらあそこに」の意味をもつ強調表現の1つと考えることができます。

There is the man we saw yesterday.
　ほらあそこに昨日私たちが会った男の人がいますよ。

**Q2**　主語は動詞の前に置かれるのが普通ですが、強調される場合など語順が変わる例について説明してください。
**A2**　動詞や助動詞が主語の前に置かれることを倒置と言います。多くは書き言葉に見られます。

When I reached the entrance to the building, the door suddenly opened. **Lying in the middle of the room was an old man**.
　私が建物の入り口まで来ると、ドアが突然開きました。部屋の真ん中に横たわっていたのは1人の老人でした。
**Attached is the agenda** for the board meeting scheduled for next Tuesday.
　添付したのは来週火曜日に予定されている理事会の議題です。

他にも、次のように、否定の意味をもつ要素を強調する場合に倒置が起こります。

**Never did I think** I would achieve such success at such a young age.
　私はこんな若さでこのような成功を得ようとは思ってもいませんでした。

また、次のように、soが前の内容を指す場合も倒置が起こり、口語でしばしば使われます。否定の場合は、neitherが使われます。

"I enjoyed this movie very much." "**So did I**."
　「この映画をとても楽しみました。」「私もです。」
"I'm not a big fun of horror movies." "**Neither am I**. I prefer watching light-hearted comedies."
　「ホラー映画はあまり好きではないです。」「私もです。気楽なコメディーを観るほうが好きです。」

**Q3** 形式主語のitの用法について説明してください。

**A3** 形式主語としてit が用いられたときは、意味上、to不定詞、動名詞、wh節、that節の内容を指しています。

It is difficult **to fully understand his theory about the universe**. (to不定詞を導く。)
　彼の宇宙論を完全に理解するのは難しい。

It is no use **crying over spilt milk**. (動名詞を導く。)
　こぼれたミルクを泣いても仕方がありません。(覆水盆に返らず。)

It's widely assumed **that ancient Polynesians enjoyed riding the waves a couple of thousand years ago**. (that節を導く。)
　数千年前の古代ポリネシア人は波乗りを楽しんでいたと広く考えられています。

**Q4** 強調構文(分裂文)について説明してください。

**A4** 基本的な語順では1つの文で表されていた内容をIt is/was ～ thatの構文を使って、～の部分を強調する構文を強調構文(分裂文)と言います。強調される要素が人を指す場合は、whoが使われる場合もあります。

The coach changed her life.
→**It's** the coach **that/who** changed her life. (the coachの強調)
　彼女の人生を変えたのはそのコーチです。

☞that節やwh節、to不定詞や分詞を強調するときは、What ～ is that ～の構文が通常使われます。

I remember that the food was terrible.
→**What** I remember **is that** the food was terrible. (that節の強調)
　私が覚えているのは料理がひどかったことです。

☞疑問文の強調の場合は、Wh- is it that ～ ?の語順になります。

What do you want?
→**What is it that** you want? (疑問文の強調)
　あなたがほしいものはいったい何なのですか。

☞強調構文で強調される箇所が「人」の場合にはthatの代わりにwhoやwhomを、「もの/こと」の場合にはwhichを用いることがあります。

**Q5** 日本語で「〜は」で表されるものは、対応する英文では主語にはならない場合もあると思います。間違いやすいケースを説明してください。

**A5** 高校の服装が私服か制服かどちらだったかと言うときに、「私の高校は制服だった」と日本語で表現することがあります。この「〜は」は、文の主題を表していて、主語ではありません。したがって、My high school was uniforms.と英訳してしまうと、主語（S）であるmy high schoolと補語（C）のuniformsがイコールの関係になってしまい、正しい英文とはなりません。この文の場合、「私の高校は制服をもっていた。」と考えて、My high school had school uniforms.とするか、あるいは、「高校生のとき、私は制服を着ていました。」と考えて、I wore a school uniform when I was a high school student.などとするといいでしょう。英語では、「〜は」のような主題を明示的に示す表現よりも、主語を中心に文を組み立てることが一般的です。そのため、「その高校は制服だ」という直訳表現ではなく、「制服があった」や「制服を着ていた」というような英語的な発想に適した日本語表現に置き換えて、意味をとって表現することが必要となります。

## *Exercises*

1. 次の各文の主節における主語を1語指摘しなさい。従属節がある場合は、従属節の主語も1語指摘し、全文を日本語に訳しなさい。

（1）After she finished her workout, Mary treated herself to a delicious smoothie.

_____

_____

（2）Although he was tired, Ted stayed up late to finish his work.

_____

_____

（3）The cake on the plate looks delicious.

_____

_____

（4）There is a new restaurant opening in town.

_____

_____

（5）There is a new movie coming up next week.

_____

_____

（6）At the entrance of the museum stood a statue of a famous artist.

_____

_____

(7) In the corner of the garden bloomed a beautiful rose.

_____

_____

(8) There are so many useful recipes in this magazine.

_____

_____

(9) Since he had a dentist appointment, Dan couldn't join us for lunch.

_____

_____

(10) There must not be any mistakes in my work.

_____

_____

## 2. 次の日本語に合うように、無生物主語に注意して、各文の下線部に適語を入れなさい。

(1) What _____ you here?
どうしてここに来たのですか。

(2) This picture _____ of my high school days.
この写真を見ると、私は高校生の日々を思い出します。

(3) The violent wind _____ going any further.
強い風のために、私はそれ以上は進めませんでした。

(4) Volunteering at the animal shelter _____ a sense of fulfillment.
動物保護施設でのボランティアは、彼女に充実感をもたらしています。

(5) The pandemic has _____ being able to travel.
パンデミックによって、私は旅行にも行けなくなりました。

(6) The research _____ that the 20% of all cancers are caused mainly by genetic factors.
研究により、がんの20%は主に遺伝的要因によって引き起こされることが判明しています。

(7) The scholarship _____ to go to college.
奨学金のおかげで、彼女は大学に行くことができました。

(8) This new museum has _____ a lot of tourists to Nagoya.
この新しいミュージアムによって、名古屋には多くの観光客が訪れるようになりました。

(9) The twentieth century _____ a major increase in the world's population.
20世紀は、世界の人口が大きく増加した時代でした。

(10) Computers _____ a lot of time and energy.
コンピュータのおかげで、私たちは多くの時間と労力を節約できます。

**3. 次の日本語に合うように、各文の下線部に適語を入れなさい。**

(1) ワインを置いていますか。

_____ red wine?

(2) 次の角を右に曲がってください。右手にレストランがあるから、そこで停めてください。

Please turn right at the next corner. Then, _____ a restaurant on the right hand. Please stop there.

(3) 昨日ショッピングは楽しかったです。

We _____ yesterday.

(4) ラベルが見えないんです。

_____ the label.

(5) 水漏れする蛇口はすぐに直りますよ。

_____ the leaking tap in no time.

(6) 財布が落ちましたよ。

_____ your wallet.

(7) びっくりさせないでよ。

_____ me!

(8) 絶え間ない努力のおかげで、そのチームは優勝できました。

Constant effort _____ to win the championship.

(9) お待たせしてすみません。

I'm sorry to _____ you waiting.

(10) この本を読むと、経済学のことがよくわかります。

This book _____ a good idea of economics.

**4. 次の各文において、itの内容を表す部分に下線を引き、全文を日本語に訳しなさい。**

(1) It is dangerous for kids to play here.

_____

(2) It is no use thinking about it.

_____

(3) It is natural that you don't want to be hated.

_____

(4) It's up to you whether you believe it or not.

_____

(5) It doesn't matter how many people criticize my artwork.

_____

(6) It is interesting how different cultures celebrate New Year's Eve.

_____

(7) It is crucial to communicate effectively in order to avoid misunderstandings.

_____

(8) It is common for everyone to experience nervousness before a big presentation.

_____

(9) It is difficult to believe that she has already graduated from college.

_____

(10) It is a good idea to exercise regularly for a healthy lifestyle.

_____

**5. 次の各文の下線部について、強調構文（分裂文）を使って強調する表現に変えて、全文を日本語に訳しなさい。**

(1) Everyone loved **the delicious homemade pie**.

_____

_____

(2) I couldn't go swimming with you **because I had a fever**.

_____

_____

(3) **His determination and hard work** led to his success.

_____

_____

(4) **Her exceptional talent** impressed the judges.

_____

_____

(5) **The unexpected phone call** brought the good news.

_____

_____

(6) **The cozy atmosphere** makes this café special.

_____

_____

(7) **The scenic view from the balcony** makes this apartment desirable.

_____

_____

(8) **Their unwavering support** keeps me going.

_____

_____

(9) **When** did you go to Thailand?

_____

_____

(10) **Why** did she act like that?

_____

_____

### 6. 次の英文を日本語に訳しなさい。

Disneyland will never be completed. It will continue to grow as long as there is imagination left in the world.

**ヒント**☞ There構文に注意して、訳してみましょう。

### 7. 次の和文を英語に訳しなさい。

情報処理をサポートする技術の発展により、これまで以上に多くのコンテンツが顧客に提供されるようになった。

**ヒント**☞ developments（発展）を主語にして、訳してみましょう。

テキストの音声は、弊社 HP　https://www.eihosha.co.jp/
の「テキスト音声ダウンロード」のバナーからダウンロードできます。
また、下記 QR コードを読み込み、音声ファイルをダウンロードするか、
ストリーミングページにジャンプして音声を聴くことができます。

Who's Afraid of English Grammar?
英文法なんて怖くない

2024 年 3 月 15 日　初　版

著　者 © 山　内　信　幸
　　　　 北　林　利　治
　　　　 橋　尾　晋　平

発 行 者　佐 々 木　元

発 行 所　株式会社　英　宝　社
〒 101-0032 東京都千代田区岩本町 2-7-7
電話 03-5833-5870　FAX03-5833-5872
https://www.eihosha.co.jp/

ISBN 978-4-269-33047-4 C1082
表紙デザイン：興亜産業株式会社／組版・印刷・製本：日本ハイコム株式会社